Jens Meyer

W0061118

El mundo hispánico de cerca:

La crisis española

Cuaderno para estudiantes de bachillerato

Schmetterling Verlag

Bibliografische Informationen der Deutschen Nationalbibliothek
Die Deutsche Nationalbibliothek verzeichnet diese Publikation in der Deutschen Nationalbi-
bliografie; detaillierte Daten sind im Internet über http://dnb.d-nb.de abrufbar.

Im Falle nicht aufgefundener Rechteinhaber:
Trotz intensiver Bemühungen konnten nicht alle Inhaber von Text- und Bildrechten ausfindig gemacht
werden. Wir sind dankbar für entsprechende Hinweise auf Rechteinhaber, die nicht vermerkt sind.

Schmetterling Verlag GmbH
Lindenspürstr. 38 b
70176 Stuttgart
www.schmetterling-verlag.de
Der Schmetterling Verlag ist Mitglied von aLiVe.

ISBN3-89657-918-5
1. Auflage 2015
Printed in Poland
Alle Rechte vorbehalten
Satz und Reproduktionen: Schmetterling Verlag
Druck: Sowa, Warszawa

Inhalt

Vorwort

Wenn man von der spanischen Krise spricht, denkt man in erster Linie an die derzeitige Wirtschafts- und Eurokrise, die einem täglich in den Medien begegnet und deren Ende nicht absehbar ist. Diese Krise ist eine internationale Krise. Die Krise in Spanien hat aber auch einige hausgemachte Aspekte. Damit beschäftigt sich das zweite Kapitel dieses Dossiers *(2. La crisis ante portas)*. Das erste Kapitel *(1. Hace falta una introducción)* geht auf die letzten spanischen Parlamentswahlen ein (20.11.2011) und soll die derzeitige spanische Regierung vorstellen, nachdem diese selbstverständlich in diesem Heft immer wieder Erwähnung findet.

Die zwei nächsten Abschnitte *(3. Las caras de la crisis: para y pobreza* und *4. Las caras de la crisis: protestas y manifestaciones)* stellt einige soziale, politische und wirtschaftliche Folgen der Krise dar (Arbeitslosigkeit, Verarmung, Auswanderung, Protestbewegungen, Demonstrationen etc.). Eine besondere Rolle spielt hier die Bewegung der «Empörten» (los indignados), bekannt unter dem Kürzel «El 15-M». Dargestellt werden einige Folgeerscheinungen der Sparpolitik, der sich die neue Regierung auf Initiative Brüssels verschrieben hat. (In diesem Zusammenhang wird im siebten Kapitel auch kurz die Kontroverse zwischen Keynesianern und Neoliberalen erwähnt.)

Da die derzeitige politische Landschaft in Spanien durch viele Korruptionsfälle erschüttert wird, die auch vor dem Königshaus nicht haltmachen, ist diesem Phänomen ein eigenes Kapitel gewidmet *(5. El hombre que tocó el cielo financiero. El caso de «Caja Madrid»)*. Alleine zu diesem Thema ließe sich ein eigenes Heft zusammenstellen, zumal sich die Fälle zu häufen scheinen, in denen die Justiz durch die Politik in der Verfolgung von Straftaten behindert wird.

Kapitel 6 *(La señora Merkel y la crisis española)* kann in einem Heft, dass für Spanischlernende in Deutschland erstellt wurde, nicht fehlen. Unsere Kanzlerin ist z.Z. in Spanien eine Reizfigur und Gegenstand vieler Angriffe.

Das letzte Kapitel schließlich *(7. El final de la crisis)* beschäftigt sich mit der Frage, ob ein Ende der Krise in Spanien in Sicht ist. Die Meinungen dazu gehen stark auseinander.

Die Texte in diesem Heft sind in der Regel Auszüge aus längeren Zeitungs- und Internetartikeln. Sie wurden sprachlich nicht vereinfacht, ihr Vokabular wurde so gut wie immer beibehalten. Deswegen sind auch die Wortangaben unter den Texten so ausführlich ausgefallen. Die Texte zu vereinfachen hätte der Absicht des Fremdsprachenunterrichts in der Oberstufe widersprochen, die Lernenden an Originaltexte heranzuführen, mit denen sie es meistens zu tun haben werden, wenn sie sich nach dem Schulabschluss weiter mit dieser Fremdsprache beschäftigen wollen. Die Kürzung der Texte war aus thematischen Gründen eine Notwendigkeit. Bei den Quellenangaben wird auf den Hinweis auf diese Veränderung verzichtet, dieser allgemeine Hinweis an dieser Stelle soll genügen.

Die Unterscheidung zwischen Lern- und Verstehenswortschatz (fett oder kursiv gedruckt) ist cum grano salis zu nehmen. Sie entspricht den Erfahrungswerten des Autors dieses Heftes, letztendlich ist es aber die Entscheidung der Lehrkraft, die Unterscheidung zu übernehmen oder zu verändern. Die Ausführlichkeit soll die Arbeit mit dem Wörterbuch reduzieren und auch Schülern mit einem kleineren Wortschatz das Lesen erleichtern.

Nun bleibt noch, den Benutzern dieses Heftes, und dazu gehören sowohl Lernende als auch Lehrende, viel Spaß und Erfolg zu wünschen.

1. Hace falta una introducción

1.1. Las elecciones del 20.11.2011: Zapatero debe irse, Rajoy viene

El 20 de noviembre de 2011 se celebraron en España elecciones a *las Cortes*, o *Congreso de Diputados*. (Participación: 68,94%. En las elecciones de 2008 había sido un 73,85%.)

Partido	votos	porcentaje	escaños	porcentaje
PP (Partido Popular)	10.866.566	44,63%	186	53,14%
PSOE (Partido Socialista Obrero Español)	7.003.511	28,76%	110	31,43%
CiU (Convergencia y Unión)	1.015.691	4,17%	16	4,57%
IU (Izquierda Plural: Izquierda Unida – Los Verdes)	1.686.040	6,92%	11	3,14%
UPyD (Unión Progreso y Democracia)	1.143.225	4,70%	5	1,43%
Amaiur (coalición soberanista y de izquierda; se presenta en el País Vasco y en Navarra)	334.498	1,37%	7	2,00%
Otros partidos nacionales y regionales (vascos, catalanes, gallegos, canarios ...)			15	4,29%
			350	

www.elecciones.mir.es

www.es.wikipedia.org/wiki/Elecciones_en_España

📖 **Notas**

Amaiur - esta coalición ha tomado su nombre de la localidad de Maya, en vasco Amaiur, lugar histórico navarro; *soberanista* - que aspira a la independencia

■ **Análisis**

Compara el porcentaje de votos obtenidos y el número de escaños. ¿Qué te llama la atención?

1.2. Se veía venir

■ **Ejercicio de mediación**

A continuación encuentras un texto alemán escrito pocos días antes de las elecciones de 2011. Presenta en español su contenido a tu curso. (Divídelo en varios campos, así te será más fácil: ¿Qué información nos da de Zapatero? ¿Qué nos dice de la persona de Rajoy? ¿Y de su programa? ¿Qué resultado de las elecciones predice la autora del texto?)

1 **Wahlen in Spanien: Der Krisengewinnler ohne Profil**
Ein Kandidat ohne Programm, ohne Profil und ohne Charisma wird wohl am Sonntag das beste Wahlergebnis in der Geschichte des demokratischen Spaniens erreichen. Das jedenfalls prognostizieren alle Umfragen für die vorgezogene Parlamentswahl am 20. Novem-
5 ber, die den Konservativen Mariano Rajoy nach einem Erdrutschsieg seiner Volkspartei *Partido Popular* (PP) mit «47 Plus» Prozent als den nächsten Regierungschef des in der Krise taumelnden Landes sehen. In Spanien scheint es jetzt nur noch darum zu gehen, wie hoch die absolute Mehrheit der Rechten ausfallen wird.

Nach zwei Niederlagen in Folge gegen den Amtsinhaber José Luis Rodriguez Zapate-
10 ro, 52, von der sozialistischen Arbeiterpartei PSOE, verdankt der 56-jährige Jurist aus Galizien seine märchenhaften Aussichten jedoch kaum einer wundersamen Wandlung. (…) Sein Trumpf dürfte vor allem der Wunsch vieler Spanier sein, die aktuelle Regierung wegen der horrenden Arbeitslosigkeit, der harten Sozialeinschnitte und Stagnation abzustrafen. Mehr als fünf Millionen Spanier sind ohne Arbeit, davon 1,3 Millionen ohne
15 Arbeitslosengeld. Unter den 24-jährigen hat jeder Zweite keinen Job.

Spaniens Verschuldung stieg rasant
Zapatero hat einen Spagat versucht. Als einer der letzten sozialistischen Regierungschefs in Europa muss er sich jetzt vorwerfen lassen, einen harten neokapitalistischen Kurs zu steuern. Um Spaniens Finanzen zu sanieren, will er alleine 2011 rund 15 Milliarden Euro
20 einsparen, bis 2013 sogar 50 Milliarden. Er beschnitt deshalb die Beamtengehälter um bis zu 15 Prozent, erhöhte die Mehrwertsteuer und das Renteneintrittsalter, stoppte Investitionen in die Infrastruktur und Ausgaben für Soziales. (…)

Seine Landsleute antworteten mit Massenstreiks. Die Gewerkschaften brachen mit «ihrer» Partei. 75 Prozent der Spanier sympathisieren mit der Protestbewegung der
25 Wutbürger, «Indignados». Seit den Regionalwahlen im Mai hat Zapateros Partei in keinem der 13 Parlamente die Mehrheit mehr inne, in den Kommunalwahlen verlor sie an die PP solche Hochburgen wie Barcelona oder Sevilla. Die linke Regierung griff zur Notbremse: Die für 2012 geplanten Parlamentswahlen wurden vorgezogen. Zapatero versprach, selbst nicht mehr zu kandidieren.

30 **Plattitüden von der besseren Zukunft**
Rajoy, der Herausforderer des PSOE-Spitzenkandidaten Alfredo Pérez Rubalcaba, hat nun ein leichtes Spiel. Er bietet den abtrünnigen PSOE-Wählern vor allem eine Projektionsfläche für ihre Hoffnung auf einen Ruck. Ein konkretes Programm gegen die Misere bietet er nicht. Im Wahlkampf präsentierte Rajoy in erster Linie Plattitüden von besserer

35 Zukunft und neuen Chancen. «Spanien soll das Deutschland Südeuropas werden», sagte
er etwa. Das stramme Spar-Programm der Sozialisten, das die EU- und die IWF-Wirt-
schaftsexperten loben, sei ihm jedenfalls nicht «weitgehend genug». Immerhin gibt er zu:
«Ich habe keinen Zaubertrank.»

Noch diese Woche gingen Ärzte, Lehrer und Studenten auf die Straße, um erneut gegen
40 die bisherigen Kürzungen zu protestieren, die sie als drakonisch empfinden. Unter Rajoys
Ägide werden sie aber den Gürtel wohl noch enger schnallen müssen. Offenbar trauen die
Wähler dem stillen Bärtigen dennoch zu, die Prosperität ins Land zurückzuholen - aus
Trotz, Verzweiflung oder im Glauben auf ein Wunder. (...)

http://www.focus.de/politik/ausland/wahlen-in-spanien-der-krisengewinnler-ohne-profil_aid_686040.html
(Samstag, 19.11.2011; von FOCUS-Redakteurin Margot Zeslawski)

▧ Presentación

Presenta el origen de la locución «una medida draconiana».

▧ Comentario

1. **«En tiempos de crisis o de descontento, el pueblo vota a la oposición.»**
   «En tiempos de crisis, el pueblo da su voto al partido conservador.»
   Comenta estas dos declaraciones.
2. **Opina si en este artículo se puede reconocer el punto de vista político de la auto-**
   ra. Da argumentos.

1.3. Una paradoja. ¿Una paradoja?

1 Cuántas más críticas recibía en mi país, más me respaldaban mis colegas europeos. Era
una gran paradoja. Algo no funcionaba bien desde el punto de vista democrático, cuando
aquello que se consideraba positivo por los líderes europeos se cuestionaba por amplios
sectores de la ciudadanía. Uno de dos: o bien habíamos creado demasiadas expectativas en
5 los ciudadanos sobre la Unión Europea, o la Unión Europea no estaba sabiendo interpre-
tar el momento histórico que vivíamos.

José Luis Rodriguez Zapatero, El dilema. 600 días de vértigo
Barcelona: Planeta 2013, pp. 110s.

📖 Notas

cuántas más ... más - je mehr ... desto mehr; *respaldar* - den Rücken stärken; *considerar* - hier:
halten für, betrachten; *cuestionar* - in Frage stellen; **un amplio sector** - weiter Bereich; **la ciudadanía** - Bürgerschaft; *la expectativa* - Erwartung

Comentario

1. Especula, por qué políticos extranjeros elogiaban al jefe de gobierno español Zapatero, mientras que en España era criticado por la oposición y por muchos ciudadanos.

2. Comenta si se encuentra en este texto una crítica a la Unión Europea.

3. «El momento histórico que vivíamos». Opina a qué se podría referir esta frase.

Vocabulario

«*Cuántas más* críticas recibía, *más* me respaldaban mis colegas europeos.»

Completa las siguientes oraciones como en el ejemplo (en lugar de *más* también se puede usar *menos*):

a. ... cerveza (tomar), ... se arrepentía al día siguiente.

b. ... libros (leer), ... me daba cuenta de lo poco que sabía.

c. ... (intentar) ofenderme, ... me haces reír.

d. ... cerveza (tomar), ... te arrepentirás mañana.

e. ... tonterías (decir) ese ministro, ... pienso que es un genio.

Ejercicio de mediación

Los ejercicios del comentario no son fáciles. Un alumno puede responder en alemán, y otro intentará repetir el contenido en español.

Mariano Rajoy, jefe de Gobierno desde 2011

2. La crisis ante portas

2.1. Resulta que …

▪ Aproximación al texto

1. La crisis mundial que empezó en 2008 es en primer lugar una crisis económica. En este texto encontrarás los primeros términos de este campo semántico. ¿Cuáles ya conoces?

la caja – ahorrar – los ahorros – la deuda – endeudarse – prestar – el préstamo – deber – la empresa – el ingreso – la recesión	schulden – Einkommen – Unternehmen – sich verschulden – sparen – Konjunkturrückgang – Darlehen – Sparkasse – Ersparnisse – Schulden – leihen

2. En este texto figuran siete profesiones relacionadas con la construcción. Consulta un diccionario antes de leer el texto.
el albañil – el fontanero – el camionero – el cristalero – el aparejador – el tasador – el registrador

1 Resulta que una generación de españoles va a perder sus ahorros porque los ha dedicado a comprar viviendas cuyo precio se está desmoronando. Así que no podremos contar con lo que esperábamos para la vejez y para nuestros hijos. Y muchos se han endeudado tanto, que ahora no pueden hacer frente a sus obligaciones. Resulta además que nos hemos espe-
5 cializado en ser albañiles, fontaneros, electricistas, camioneros, cristaleros, fabricantes de puertas, vigas, grúas, baldosas o lavabos, aparejadores, vendedores de hipotecas, tasado-res, registradores y un sinfín de ocupaciones relacionadas con la construcción; y [resulta] que ahora nuestra experiencia laboral ya no vale y tendremos que dedicarnos a otra cosa. Resulta además que el milagro económico español era un espejismo, porque nos hemos
10 dedicado a construir casas que no habríamos querido construir de haber sabido lo poco que iban a valer en el futuro. Hemos comprado pisos que están cerrados o a los que vamos unos cuantos días al año.

Resulta además que nuestros bancos y cajas se han dedicado a prestar a empresas promo-toras y constructoras, y que muchas de estas ahora no pueden devolver los préstamos.

15 Resulta además que nuestros ayuntamientos han disfrutado de unos ingresos insos-tenibles gracias a las recalificaciones de terrenos y que los dispendios a los que nos han acostumbrado se acaban.

Finalmente, en cuanto este tipo de actividad insostenible se ha parado, la economía ha entrado en recesión.

www.cemfi.es/~arellano/burbuja-inmobiliaria.pdf (15/01/2009)

📖 **Notas**

resulta que ... – es stellt sich heraus, dass; **dedicar(se)** – (sich) widmen; **la vivienda** – Wohnung, Wohnhaus; *desmoronarse* – zerfallen, einstürzen; **la vejez** – Alter; **hacer frente a** – sich entgegenstellen; hier: nachkommen; *la viga* – Balken; *la grúa* – Kran; *la baldosa* – Fliese; *el lavabo* – Waschbecken; *un sinfín de* – eine Unmenge von; **la experiencia laboral** – Arbeitserfahrung; **el milagro** – Wunder; *el espejismo* – Trugbild, Illusion; **de haber sabido** – si hubiese sabido; *promotor/ora* – für die Vermarktung zuständig; **el ayuntamiento** – Rathaus; **disfrutar de** – genießen; *insostenible* – unhaltbar; nicht nachhaltig; *la recalificación* – Umwandlung von Ackerland in Bauland; *el terreno* – Boden; *el dispendio* – Ausgabe, Verschwendung; **acostumbrar a alguien a algo** – jdn. an etw. gewöhnen; **pararse** – stehen bleiben

■ Comprensión y análisis

1. Busca en el texto cuatro o cinco palabras que sirvan para repetir las principales características de la crisis descrita aquí.

2. Repite algunas de las consecuencias de la crisis mencionadas (explícitamente o no) en este texto.

3. Analiza qué motivos podrían tener los autores de este texto al usar la primera persona del plural y el adjetivo posesivo.

■ Comentario

Busca sentimientos que podrían tener los españoles ante los fenómenos de la crisis mencionados en este texto y sus consecuencias. Establece una relación entre el fenómeno y el sentimiento (causar, provocar, tener por consecuencia, hacer sentir, ...)

■ Ejercicio de mediación

Busca en la Red alemana (p. ej. www.de.wikipedia.org/wiki/Hannibal_ante_portas) de dónde proviene la locución *Ante portas* y cuándo se suele usar. Después, explícalo a tu curso.

■ Vocabulario

1. Haz una lista con las profesiones que recuerdes. Escribe también la forma femenina. (Las profesiones del texto no cuentan.)

2. *Resulta que ...*: Haz una oración combinando un elemento de cada lado:

| Pensaba que mañana me entregarías el trabajo,
Me habías prometido pagar tus deudas este mes,
Ricardo nos quería devolver los libros esta semana,
La señora Berkel había dicho que en 2017 dejaría su puesto, | y ahora resulta que los ha perdido.
pero ahora resulta que volverá a presentarse.
y ahora resulta que todavía no has comenzado.
pero ahora resulta que no tienes ni un céntimo. |

■ Gramática

Escribe oraciones condicionales.

Modelo:
Debes mucho dinero al banco, por eso éste se queda cada mes con el 50% de tu nómina.
➔ *Si no debieras tanto al banco, éste no se quedaría cada mes con el 50% de tu nómina.*

1. Raúl no sabía que tu palabra no vale nada, por eso te ha prestado dinero.
2. Te has endeudado por causa de tus caprichos, por eso ahora tienes que pedirme dinero.
3. El año pasado no tuve ingresos regularmente, por eso mi cuenta ahora no tiene buen aspecto.
4. Hemos ahorrado cada mes un poco estos últimos años, por eso ahora no estamos en la calle.
5. No has comenzado con el trabajo la semana pasada, por eso todavía no estás listo/a.

Una urbanización inacabada. ¿Qué va a ser de ella?

2.2. La burbuja inmobiliaria

A. ¿Burbuja o boom?

1 Cuando se habla de inmuebles o de la construcción, normalmente se piensa en pisos, casas, ladrillos, hormigón, metros cuadrados, habitaciones etc., pero no en burbujas. El término burbuja, en este contexto, conlleva la idea de que, dada la exagerada cantidad de edificios en construcción, existe el peligro de una sobreoferta y de que todo el mundo de la construcción
5 se venga abajo en cualquier momento, o, para quedar en la idea de la burbuja, estalle.

A mediados de los años 80 se comenzó en España a construir intensamente, pero la burbuja de la que se habla en este texto no empezó hasta 1997 y duró hasta finales de 2007 o principios de 2008. Primero fueron unas 500.000 viviendas al año, más tarde se llegó hasta 800.000. Varios factores han contribuido al desarrollo de esta burbuja, de los que aquí sólo
10 se pueden mencionar algunos:

- El nuevo gobierno (en 1996 el PP ganó las elecciones y José María Aznar sustituyó a Felipe González) estaba interesado en fomentar la construcción y en muchos municipios se recalificaron terrenos. (Desde el principio la corrupción fue mano en mano con el boom inmobiliario.)
15 - Los bancos concedían fácilmente hipotecas a particulares y créditos a empresas constructoras. La duración media de las hipotecas subió de 12 a 25 años, y en 2007 comenzaron a ofrecerse hipotecas a 50 años.
- La política fiscal favorecía la compra de la vivienda, que se podía desgravar en el IRPF, mientras que el alquiler carecía de ayudas.
20 - Comprar viviendas era una forma de blanqueo de dinero. Se calcula que un 60% de las transacciones inmobiliarias se efectuaban con dinero negro.
- En España existe una tendencia social a la propiedad inmobiliaria. Entre el 80 y el 85% de los pisos habitados son de propiedad (la media europea es del 61%).

En vista del aumento de la demanda de pisos, los precios de las viviendas subieron des-
25 mesuradamente. Las sociedades de tasación, muchas veces al servicio de los bancos, contribuyeron a la espiral especulativa, sobrevalorando gran cantidad de inmuebles. Se puede decir que el incremento anormal de los precios fue el principal síntoma de la burbuja, junto a la cantidad de viviendas construidas.

No faltaron desde el principio las voces de alarma, que criticaban el endeudamiento
30 excesivo (de 1996 a 2005 se triplicó el endeudamiento de los hogares españoles) y la dependencia de la economía española de la industria de la construcción. Según voces críticas, este desarrollo podía provocar una recesión económica, que debía repercutir de forma negativa sobre el consumo interior, la tasa de paro y la morosidad de los deudores.

Pero las asociaciones de constructores, principales beneficiarios de la subida de precios,
35 negaban la existencia de la burbuja, calificándola de "mito interesado". Para ellas, sólo existía un boom inmobiliario. También el Banco de España rechazó la idea de que se tratara de una burbuja especulativa.

La revista inglesa *The Economist* caracterizó la situación en España como el mayor proceso especulativo de la historia del capitalismo (18.06.2005).
40 El *Deutsche Bank* publicó en 2007 un informe sobre la vivienda en España y lo tituló «Living la vida loca», letra de una conocida canción de Ricky Martin.

http://es.wikipedia.org/wiki/Burbuja_inmobiliaria_en_España

📖 **Notas**

la burbuja – Blase; **la construcción** – Bau; *el ladrillo* – Ziegelstein; *el hormigón* – Beton; **el término** – Begriff; *conllevar* – beinhalten, mit sich bringen; **la sobreoferta** – Überangebot; *venirse abajo* – einstürzen; *estallar* – platzen; **contribuir a** – beitragen zu; **sustituir** – ersetzen; *fomentar* – fördern, unterstützen; *recalificar un terreno* – ein Grundstück von Ackerland in Bauland umwandeln; **el particular** – Privatperson; **la empresa** – Unternehmen; **la duración** – Dauer; **la política fiscal** – Steuerpolitik; **favorecer** – begünstigen; *desgravar* – absetzen; *IRPF* – Eikommenssteuer (Impuesto sobre la Renta de Personas Físicas); **el alquiler** – Miete; **carecer de** – nicht haben; *el blanqueo de dinero* – Geldwäsche; *la transacción* – Geschäft; *efectuar* – aus-, durchführen; **el aumento** – Zunahme; **la demanda** – Nachfrage; *desmesurado/a* – übermäßig, maßlos; *la tasación* – Wertbestimmung, Veranlagung; *contribuir a* – beitragen zu; **sobrevalorar** – überbewerten; *el incremento* – Wachstum; *el endeudamiento* – Verschuldung; **excesivo/a** – übermäßig, maßlos; *triplicar* – verdreifachen; **la dependencia** – Abhängigkeit; la recesión – Konjunkturrückgang; *repercutir en/sobre* – rückwirken auf; *la tasa de paro* – Arbeitslosenrate; *la morosidad* – Zahlungsverzug; *el deudor* – Schuldner; *la asociación* – Vereinigung; *el beneficiario* – Nutznießer; **calificar de** – bezeichnen als; *rechazar* – zurückweisen; **caracterizar como** – schildern als; **la vivienda** – Wohnung; **la letra** – hier: Text

Comprensión y análisis

1. Repite los argumentos de las personas que veían el desarrollo en España de forma crítica.

2. Explica la diferencia entre «boom» y «burbuja».

3. Explica por qué se ha llamado la industria inmobiliaria «el motor de la economía española». (¿Opinas que la industria alemana tiene un motor?)

Comentario

1. Comenta el fenómeno de una hipoteca de cincuenta años.
2. En el capítulo 2.3. encuentras un cuadro que te muestra el desarrollo de los precios por metro cuadrado. Explícalo.

Ejercicio de mediación

En el artículo en el que se apoya este texto hay un capítulo titulado «Factores demográficos». Léelo y presenta su contenido a tu curso.

Vocabulario

1. *la sobreoferta, la sobrevaloración.* Busca en el diccionario tres palabras más con este prefijo que te parezcan interesantes.

2. Busca tres palabras con el prefijo «sub-» y tres con el prefijo «infra-» que te parezcan interesantes.

3. **a mediados de — a principios de — a finales de. Traduce:**

Ich war Mitte der 80 Jahre in Buenos Aires. — Ich werde Anfang Oktober zurück sein. — Bis Mitte des Monats werde ich dir nichts Konkretes sagen können. — Es ist kaum zu glauben, aber der Typ wurde erst Anfang 2001 verhaftet. — Ende des 20. Jahrhunderts war alles unverändert.

■ Gramática

¿Indicativo o subjuntivo?

1. La posibilidad es grande de que todo (venirse) abajo. — 2. Temo que todo esto (acabar) mal. — 3. Negar que (tratarse) de una burbuja especulativa (significa) cerrar los ojos ante lo que (ser) evidente. — 4. Los construcctores negaban que (existir) una burbuja. — 5. La subida de precios no (parecer) querer detenerse (pretérito).

B. Cosas que pasan

La historia que contamos a continuación probablemente no ha sucedido así, pero historias parecidas las hubo muchas.

1 El empresario A, que se dedica a toda clase de negocios, les compra a unos campesinos unas tierras de cultivo por un buen precio. Poco después, la alcaldesa B recalifica estas tierras, es decir las convierte en terrenos edificables. La señora B es amante del señor A, o una amiga de la niñez, o una compañera de estudios, o una prima, o ambos están en el
5 mismo partido. Poco después, el señor A vende los terrenos a un intermediario C, un buen amigo suyo. Este vende los terrenos a una empresa constructora, propiedad del señor D, un buen amigo de A, B y C.

De El señor D quiere construir una urbanización nueva en los terrenos, y para ello un banco le concede un crédito muy alto y por buenas condiciones. Sobra decir que el banquero E
10 es compañero de partido del constructor D. Empiezan a construir las viviendas.

Estalla la burbuja y comienza la crisis. Algunas viviendas están terminadas, muchas no. Se detiene la construcción. El señor D ha invertido mucho dinero en sus proyectos, pero no ha vendido nada. No puede devolver el crédito al banco y éste tiene problemas de liquidez. Después de algún tiempo, el gobierno decide rescatar el banco.
15 Con o sin explosión de la burbuja inmobiliaria, crisis o no, todas las personas que han intervenido en estas transacciones salen satisfechas y enriquecidas:

- El señor A, porque ha comprado terrenos por poco dinero y los ha vendido con grandes ganancias.
20 - La señora B, porque el señor A le ha mostrado su gratitud por haber recalificado los terrenos. (En estos asuntos, la gratitud se muestra con comisiones de seis o siete cifras.)
- El señor C, porque ha ganado mucho dinero revendiendo los terrenos.
- El constructor D, porque una considerable parte de los créditos que le dio el banco los tiene en Suiza, o en las Islas Caimanes, o en Delaware, o en Guernsey.
25 - El banquero E, porque D le ha mostrado su gratitud por la concesión del crédito. (véase arriba)

- Los señores F, G, H, I y J, miembros del consejo de administración del banco, porque lo primero que han hecho con el rescate estatal es subirse los sueldos.

El único tonto en todo este asunto es el ciudadano de a pie, el contribuyente: Estamos
30 en tiempos de crisis y el Estado debe reducir sus gastos y necesita más ingresos: suben los impuestos, se bajan o se congelan los salarios de los funcionarios, se invierte menos en la sanidad pública, en la enseñanza, en la cultura, en la investigación y en otros servicios.

Podrá extrañar a muchos, pero más o menos así funcionaba en España lo que se ha llamado el pelotazo. Por eso, muchos ciudadanos han llegado a la conclusión de que si eres un
35 sinvergüenza puedes hacerte rico rápidamente.

📖 **Notas**

a continuación – anschließend; **el empresario** – Unternehmer; **dedicarse** – sich widmen; **el negocio** – Geschäft; **el campesino** – Bauer; *la tierra de cultivo* – Ackerland; *la alcaldesa* – Bürgermeisterin; **terreno edificable** – Bauland; **el/la amante** – Geliebte(r); **el/la primo/a** – Vetter/Base; *el intermediario* – Vermittler, Zwischenhändler; **la empresa constructora** – Bauunternehmen; **la urbanización** – Wohnsiedlung; **conceder** – gewähren; **sobra decir** – es erübrigt sich zu sagen; **el banquero** – Bänker; *estallar* – platzen; **detener** – hier: anhalten; **invertir** – investieren; *la liquidez* – Liquidität, Zahlungsfähigkeit; *rescatar un banco* (el rescate) – eine Bank retten; – **intervenir** – hier: beteiligt sein; *la transacción* – Geschäft; **satisfecho/a** – zufrieden, befriedigt; *enriquecido/a* – bereichert; **la ganancia** – Gewinn; **mostrar** – zeigen; *la gratitud* – Dankbarkeit; **el asunto** – Angelegenheit; *la comisión* – hier: Provision, Prämie; **revender** – wiederverkaufen; **considerable** – beachtlich; *la concesión* – Gewährung; **el miembro** – Mitglied; **el sueldo** – Gehalt; **el/la tonto/a** – der/die Dumme; **el ciudadano de a pie** – Normalbürger; *el contribuyente* – Steuerzahler; **reducir** – verringern; **el gasto** – Ausgabe; *el ingreso* – Einkommen; **el impuesto** – Steuer; *congelar* – einfrieren; **el salario** – Lohn; **el funcionario** – Beamter; *la sanidad pública* – öffentliches Gesundheitswesen; **la enseñanza** – Unterrichtswesen; **la investigación** – Forschung; **el servicio** – hier: Dienstleistung; *extrañar* – verwundern; *el pelotazo* – s.u.; *llegar a una conclusión* – zum Schluss kommen, folgern; **el/la sinvergüenza** – unverschämte Person

---

el pelotazo – aquí: una forma coloquial de referirse a la especulación de los mercados financieros y urbanísticos, cuando produce extraordinarias ganancias de forma rápida (recibir un pelotazo significa recibir un golpe fuerte con una pelota)

■ Comprensión y análisis

1. Repite la información que has obtenidos sobre la alcaldesa y el banquero.
2. Explica la locución «sobra decir».
3. Analiza la expresión «mostrar su gratitud» en este contexto.

Comentario

1. Comenta por qué los campesinos vendieron sus terrenos al Sr. A. ¿Qué explicaciones encuentras?
2. ¿Cuáles podrían haber sido sus pensamientos y sus reacciones al ver como continuaba el asunto?
3. Elige dos personas de este texto y juzga sobre su actitud.

Vocabulario

Rehaz las locuciones con una palabra de cada grupo:

llegar — salir — reducir — dedicarse a — mostrar — conceder — aumentar	varios negocios — su gratitud a alg. — a una conclusión — importancia a algo — sus ganancias — contento de un cine — sus gastos

Haz una oración con cada expresión.

Gramática

1. Traduce:

   se detiene la construcción — ¿Cómo se muestra su gratitud? — ¿Cómo mostró su gratitud el empresario? — suben los impuestos — se bajan los salarios — Así funcionaba lo que se ha llamado el pelotazo.

2. En las frases de la izquierda encuentras las posibilidades de expresar el término alemán *man*. Analízalas gramaticalmente y traduce después las frases de la derecha.

a. En este capítulo se va a tratar otro tema importante.— b. Uno se podría preguntar si eso que dices es posible. — c. El banquero fue encarcelado. — d. «Nos han engañado», dicen muchos clientes del banco. — e. Dicen que Pepe sabía muy bien lo que hacía.	a. Man spricht deutsch. — b. Xaver mag es nicht, wenn man ihn auf den Arm nimmt. — c. Man möchte schon wieder die MWSt erhöhen. — d. Man fragt ob du krank bist. — e. Mit dieser Seife kann man sich nicht waschen. — f. Mit dieser Seife kann man nicht waschen.

C. Contra la corrupción y contra otras cosas

1 En los textos A y B de este apartado has leído sobre casos de corrupción, o de abuso de poder, o de soborno. Más tarde conocerás más casos. Como puedes imaginarte, la sociedad española no estaba dispuesta a aceptar estas actitudes. Muchos ciudadanos se indignaron y fundaron organizaciones y plataformas para protestar contra estas formas de enriquecimiento de
5 políticos, empresarios, banqueros, amigos y familiares, que al fin y al cabo iban a costa del pueblo.

La sociedad española tenía dos motivos más para protestar: los recortes impuestos por la crisis económica y Bruselas y la política del Gobierno, que en varios aspectos está muy

orientada hacia el pasado. Las conquistas sociales y políticas de las últimas décadas están
10 en peligro. En estos últimos años, las calles de Madrid y de otras ciudades han sido testigos de centenares de manifestaciones y de choques entre la policía y manifestantes.

Uno de los muchos colectivos que se formaron para protestar son los yayoflautas, que son presentados así en la red:

«Somos la generación que luchó y consiguió una vida mejor para sus hijos e hijas. Ahora
15 están poniendo el futuro de nuestras hijas y nietas en peligro.» Así comienza el manifiesto de los yayoflautas, el colectivo formado por las personas mayores del movimiento 15-M. Tras iniciarse su actividad en Barcelona, entretanto se han creado grupos hermanos en otras ciudades, nacidos todos con el mismo objetivo de protestar contra los recortes en derechos sociales.

📖 **Notas**

el apartado – Abschnitt; **el soborno** – siehe S. 18; **estoy dispuesto/a a** – ich bin bereit zu; **la actitud** – Haltung; **indignarse** – sich empören; *la plataforma* – Plattform, Forum; **al fin y al cabo** – letzten Endes; *el recorte* – hier: Einsparung; **el testigo** – Zeuge; *el colectivo* – hier: Vereinigung; **el manifiesto** – Manifest, Erklärung; **el movimiento 15-M** – eine Protestbewegung, die am 15 Mai 2011 begann (siehe Abschnitt 4.1.); **iniciar** – beginnen; **el objetivo** – Ziel

---

Esta fotografía fue tomada durante una manifestación de los iaioflautas en Valencia.

(el yayo = el abuelo; iaio en catalán/valenciano)

▮ Ejercicio de mediación

1. Infórmate sobre el movimiento de los yayoflautas y preséntalo a tu curso. (Encuentras una buena presentación en: http://www.noticiaspositivas.net/2012/05/09/el-movimiento-de-los-yayoflautas-llega-a-madrid)

2. En http://es.wikipedia.org/wiki/Aeropuerto_de_Castellón
   y en http://es.wikipedia.org/wiki/Ciudad_Valdeluz

   se presentan dos proyectos, un aeropuerto y una nueva ciudad, sobre los que se ha discutido mucho y que no mantuvieron lo que habían prometido los políticos. Muchas personas ven en estos proyectos casos de corrupción. Escoge uno de los dos y preséntalo a tu curso.

◼ Vocabulario

Donde hay tanto dinero de por medio, también suelen haber negocios sucios. Hasta ahora nunca has tratado en clase el vocabulario del mundo de la corrupción. Vamos a acercarnos a él partiendo de la lengua alemana: ¿qué medios ilegales conoces para imponer su voluntad y/o para adquirir una fortuna? Apúntate ocho palabras alemanas en un papel y búscalas después en la lista.

Erpressung	el chantaje	Betrug	la estafa
Bestechung	el soborno	Geldwäsche	el blanqueo de capital
Vetternwirtschaft	el tráfico de influencias	Urkundenfälschung	la falsedad documental
Amtsmissbrauch	el abuso de autoridad	Machtmissbrauch	el abuso del poder
Steuervergehen	el delito fiscal	Unterschlagung	la apropiación indebida
Bestechung, Korruption	el cohecho	Veruntreuung	la malversación de fondos

Steuerhinterziehung, Steuerbetrug	el fraude fiscal
Steuern hinterziehen	defraudar impuestos, defraudar a Hacienda
Unterschlagung, Veruntreuung, Hinterziehung	el desfalco
Rechtsbeugung, Pflichtverletzung	la prevaricación

◼ Tareas

1. **Escoge las seis palabras que te parecen ser las más importantes.**

2. **Intenta formar las siguientes palabras:**
   betrügen — der/die Betrüger/in — erpressen (2 Mögl.) — der/die Erpresser/in — bestechen — bestechlich.

3. **¿De qué delitos (Vergehen) se trata?**

   a   Un político usa su posición para impedir que un familiar, que ha violado la ley, sea juzgado.

   b.   Un jugador de fútbol le dice a su entrenador que va a hacer pública una información que le hará daño si no le alinea (aufstellen) regularmente y le da 5 millones de euros.

   c.   Un notario tenía el encargo de administrar dineros de un cliente para los hijos de éste y los ha empleado en beneficio propio.

   d.   Un empresario ofrece dinero a un inspector de hacienda (Steuerfahnder) para que haga la vista gorda (ein Auge zudrücken).

   Ahora inventa dos ejemplos y un compañero deberá decir de qué delito se trata.

2.3. Estalla la burbuja inmobiliaria

Para empezar: Tres palabras importantes en este contexto: **el mercado** – der Markt; **la oferta** – das Angebot; **la demanda** – die Nachfrage

1   La expresión *burbuja inmobiliaria* hace referencia a la existencia de una burbuja especulativa en el mercado de bienes inmuebles. La burbuja a la que se refiere este material tuvo sus comienzos en 1997 y ha durado hasta finales de 2007 o principios de 2008, cuando se produjeron su explosión/estallido y sus consecuencias.

La lista que sigue se ocupa de la burbuja inmobiliaria, de su pinchazo y de las consecuencias de éste. Deberás intentar poner un poco de orden cronológico en los fenómenos mencionados en la lista. (Mira el ejercicio de análisis.)

Si necesitas más información, mira las dos páginas web que encuentras al final de esta lista o sírvete de sitios alemanes («Immobilienblase in Spanien» etc.).

> 📖 **Notas**
> *estallar* - platzen; **la expresión** – Ausdruck; *hacer referencia a* – hinweisen auf; *los bienes inmuebles* – Immobilien; **ocuparse de** – sich beschäftigen mit; *el pinchazo* - hier: Platzen; **el fenómeno** – Erscheinung; **servirse de** – etw. benutzen

1   • los tipos de interés *bajan* tras la integración en el euro (del 11,5% en 1995 al 3,5% en 2003 a 2005)
    • *caída* de los precios
    • *subida* anormal de los precios
5   • impagos de las hipotecas
    • recalificación de suelos
    • *caída* de la demanda
    • ha *crecido* la compra de inmuebles de familias no residentes
    • si se adquiere una vivienda, se conceden beneficios fiscales
10 • *facilidades* para obtener un crédito
    • *pérdida/destrucción* de puestos de trabajo
    • créditos a constructores y promotores
    • *la caída* de Lehman Brothers en 2008
    • los bancos se han convertido en las grandes inmobiliarias del país
15 • *crecen* de forma sostenida los precios (superior al 10% anual, llegando hasta el 30% anual)
    • *falta* de crédito
    • intereses hipotecarios *bajos*
    • *elevadas* cifras de paro
    • constructores y promotores no pueden devolver los créditos que han obtenido
20 • *abandono* escolar
    • deshaucios
    • *entrada* de inmigrantes (4,2 millones de 1996 a 2007)

Las palabras en *itálica* las vas a necesitar en el ejercicio 3 de vocabulario.

📖 **Notas**

el tipo de interés – Zinssatz; **los intereses** – hier: Zinsen; **la caída** – Fall, Absturz; *el impago* – Nichtzahlung; *la recalificación de suelos* – Umwidmung von Ackerland in Bauland; **crecer** – achsen, ansteigen; *residente* – wohnhaft, ansässig; **adquirir** – erwerben; **la vivienda** – Wohnung; **conceder** – gewähren; *el beneficio fiscal* – Steuervorteil; **convertirse en** – werden zu; *sostenido/a* – anhaltend; *el promotor* – Vermarkter; **la falta** – Mangel; **elevado/a** – hoch; *el abandono escolar* – Schulabbruch; *el desahucio* – Zwangsräumung

www.es.wikipedia.org/wiki/Burbuja_inmobiliaria_en_España

www.cemfi.es/~arellano/burbuja-inmobiliaria.pdf

▪ Vocabulario

1. En este material encuentras tres palabras para «die Blase platzt», «das Platzen der Blase». Apúntate los verbos y los sustantivos y busca en un diccionario en qué otros contextos se suelen emplear estos términos.

2. El impago: Mira en un diccionario las palabras que empiezan por *im-*. ¿En cuáles este prefijo significa *negación*? (Haz lo mismo con el prefijo *in-*.)

3. Formula algunos de los puntos de esta lista de otra forma usando sinónimos, convirtiendo sustantivos en verbos etc.
   Modelo: «*abandono escolar*»
   ➜ *muchos jóvenes abandonan la escuela*

4. *sostenible* es el término español para «nachhaltig», palabra muy usada al hablar del medio ambiente. Haz dos oraciones en las que aparezca este término.

▪ Comentario

1. Sobre la relación entre la oferta y demanda ya se ha dicho y escrito mucho. Presenta una breve ponencia a tu curso. (Usa los verbos *condicionar* y *determinar*.)

2. Comenta el cuadro sobre el precio de la vivienda por metro cuadrado.

Precio de la vivienda en euros por metro cuadrado
(Datos de la Sociedad de Tasación)

1995	1996	1997	1998	1999	2000	2001	2002	2003	2004
692,7	694,4	702,8	756,7	829,2	893,3	992,7	1.164,6	1.380,3	1.618,0

2005	2006	2007	2008	2009	2010	2011	2012	2013
1824,3	1990,5	2.085,5	2.018,5	1892,3	1.825,5	1.701,8	1.531,2	1.481,7

■ **Análisis**

1. **Haz un cuadro con tres columnas:** *antes del pinchazo, el pinchazo mismo, después del pinchazo.*
   Reparte los fenómenos de la lista entre ellas. Puedes añadir más puntos.

2. **Escoge varias veces dos elementos y establece una relación entre ellos. (¿Causa o consecuencia?)**

   Modelo: «ha crecido la compra de inmuebles de familias no residentes» y «aumento anormal de los precios»

   → Si familias de extranjeros compran viviendas en España, esto significa un aumento de la demanda. Además, muchos extranjeros tienen dinero. Una subida de la demanda siempre lleva a una subida de los precios, eso es una ley del capitalismo.

2.4. La crisis del euro

■ **Aproximación al vocabulario**

El vocabulario que se encuentra en el siguiente cuadro aparece en los textos que vas a tratar en clase. Ordénalo antes de empezar con la lectura.

Metas (Ziele):	
<ul><li>la cohesión social</li><li>la mejora de la formación</li><li>la economía competitiva</li><li>la igualdad de oportunidades</li><li>el sistema nacional de salud/sanidad</li><li>el Estado de bienestar</li><li>los valores queridos por la ciudadanía</li></ul>	<ul><li>die Verbesserung der Ausbildung</li><li>das nationale Gesundheitswesen</li><li>die Chancengleichheit</li><li>die von der Staatsbürgerschaft geschätzten Werte</li><li>der soziale Zusammenhalt</li><li>der Wohlfahrtsstaat</li><li>die Wettbewerbswirtschaft</li></ul>
Medidas (Maßnahmen):	
<ul><li>reducir el gasto público</li><li>el fondo de rescate</li><li>la reducción del déficit público</li><li>medidas contra el déficit</li><li>las prestaciones por desempleo</li><li>un recorte adicional</li><li>reducir la deuda pública</li><li>el plan de ajuste</li></ul>	<ul><li>Maßnahmen gegen das Defizit</li><li>eine zusätzliche Kürzung</li><li>der Anpassungsplan</li><li>die Verschuldung der öffentlichen Hand verringern</li><li>der Rettungsfond</li><li>die Verringerung des öffentliche Defizits</li><li>die Leistungen/Zuwendungen für Arbeitslosigkeit</li><li>die Ausgaben der öffentlichen Hand verringern</li></ul>

Locuciones (Redewendungen):	
▪ cumplir algunas condiciones ▪ reducir (congelar) los salarios ▪ tomar medidas a favor de (en contra de) algo	▪ Maßnahmen für/gegen etwas ergreifen ▪ einige Bedingungen erfüllen ▪ die Löhne kürzen/einfrieren

A.

1 La reunión del Eurogrupo era a las siete [7 de mayo de 2010]. A las seis había quedado con Sarkozy. El tono del Presidente de la República Francesa en ese encuentro fue dramático. Me dijo que, si no éramos capaces de articular una decisión resuelta y una política ambiciosa a favor de la unidad europea y de la defensa del euro, el lunes los mercados podrían
5 llevarnos a una situación límite. Me comentó que la postura de Alemania era muy dura, aunque pensaba que al final estaría a favor de un compromiso para restituir la credibilidad. A estas alturas de la tarde del 7 de mayo ya sabíamos que se abrían paso las ideas para poder construir ese acuerdo fuerte e imprescindible. Por un lado, la creación de un «cortafuegos» suficiente, poniendo en marcha una especie de «fondo europeo» con un volu-
10 men elevado de recursos para ayudar a los países que pudieran necesitarlo, en particular Grecia; y por otro, una mayor exigencia para la reducción del déficit público de los países con más dificultades. [Por supuesto, los países que utilizasen este fondo deberían cumplir una serie de condiciones.] (1)

📖 **Notas**

quedar con alguien – sich mit jdm. verabreden; **el encuentro** – Treffen; **ser capaz de** – fähig sein; *articular* – abfassen; **la decisión** – Entscheidung; *resuelto/a* – entschlossen, resolut; **ambicioso/a** – ehrgeizig; **la situación límite** – Grenzsituation; **comentar** – aquí: explicar; **la postura** – Haltung; *restituir* – wiederherstellen; **la credibilidad** – Glaubwürdigkeit; *a estas alturas* – zu diesem Zeitpunkt; **abrirse paso** – sich durchsetzen; **el acuerdo** – Abkommen; *imprescindible* – unverzichtbar; *el cortafuegos* – Brandmauer; **suficiente** – ausreichend; **poner en marcha** – in Gang setzen; *el recurso* – Hilfe, Hilfsmittel; *en particular* – besonders, vor allem; **la exigencia** – Forderung; **la dificultad** – Schwierigkeit; *por supuesto* – selbstverständlich

---

▪ Comprensión

1. Describe qué estaba en peligro según Sarkozy si los políticos reunidos en Bruselas no llegaban a un acuerdo.

2. Examina si según este texto existía la posibilidad de un acuerdo.

3. Y si existía esta posibilidad, ¿de qué clase de acuerdo se trataría?

4. Repite los contextos en los que se mencionan Alemania y Grecia en este texto.

B.

1   A principios de mayo de 2010, se unieron varios factores económicos muy negativos: Grecia estaba al borde de la quiebra y el peligro de contagio a otras naciones era muy elevado. En este marco, en una cumbre extraordinaria de mandatarios de la UE celebrada el 7 de mayo, se aprobó la creación de un fondo de rescate para países con dificultades económicas
5   muy graves, pero al mismo tiempo y como aval, se exigía a los países miembros un mayor esfuerzo para reducir su deuda pública. Zapatero se comprometió a tomar medidas contra el déficit. El 9 de mayo, la ministra de Economía y Hacienda, Elena Salgado, fue la encargada de ofrecer las cifras concretas, que eran: un recorte adicional de 15.000 millones de euros para contener el déficit de 2010 y 2011. (2)

> 📖 **Notas**
> *la quiebra* – Konkurs, Bankrott; **el peligro de contagio** – Ansteckungsgefahr; **elevado/a** – hoch; **el marco** – Rahmen, Atmosphäre; **la cumbre extraordinaria** – außerplanmäßiges Gipfeltreffen; *el mandatario* – Beauftragter, Bevollmächtigter, Amtsträger; **aprobar** – hier: zustimmen; **grave** – ernst; *el aval* – Garantie; **exigir** – fordern; **el miembro** – Mitglied; *el esfuerzo* – Anstrengung; *comprometerse* – sich verpflichten; **la ministra de Hacienda** – Finanzministerin; **el/la encargado/a** – Beauftragter; **ofrecer** – anbieten; **contener** – hier: zurückhalten, bremsen

◼ Comprensión y análisis

1.   En qué contexto se mencionan «el contagio», «el aval / la garantía» y «cifras concretas»?

2.   Los textos A y B tratan del mismo tema. Expón las ideas que aparecen en ambos.

3.   Compara la proveniencia de los dos textos.

◼ Descripción

Describe esta viñeta. (¿Dónde podrían estar las dos personas? ¿Qué podría decir el hombre detrás del mostrador? ¿En qué consiste el efecto cómico? Etc.)

C.

1 Después de varias conversaciones había decidido los puntos centrales donde reduciríamos el gasto público. Y que partidas presupuestarias considerábamos intocables.

En primer término, las prestaciones por desempleo, que habíamos ampliado antes de la crisis y durante ésta, porque eran el gran eje para garantizar la cohesión social, la gran
5 palanca de apoyo a los ciudadanos con más dificultades, la expresión más real de la solidaridad que supone el Estado social.

En segundo lugar, la educación, porque en la promoción de la mejora de la formación de los ciudadanos está la base esencial de una economía competitiva, a la vez que la clave de la igualdad de oportunidades, un postulado constitutivo y fundacional de la socialde-
10 mocracia.

La tercera política pública que no quería tocar era la sanidad. Nuestro sistema nacional de salud, con la garantía de universalidad y gratuidad, es la más poderosa razón de confianza en el Estado y la más relevante manifestación de equidad. La igualdad plena, incuestionable, en el acceso a la sanidad, con independencia de cualquier circunstancia
15 personal, es la expresión de los valores más queridos por la ciudadanía y por mi formación política.

Mi criterio sobre los recortes fue, pues, el de no menoscabar los pilares centrales del Estado de bienestar y de la protección social. (1)

📖 **Notas**

la **conversación** - Gespräch; *la partida presupuestaria* - Haushaltsposten; **intocable** - unberührbar; *en primer término* - en primer lugar; **ampliar** - erweitern; *el eje* - Achse; *la palanca* - Hebel; **el apoyo** - Unterstützung; *la promoción* - Förderung; *a la vez que* - ebenso wie; **la clave** - Schlüssel; *el postulado* - Forderung; *constitutivo/a* - grundlegend, wesentlich; **la fundación** - Gründung; *la universalidad* - Allgemeingültigkeit; *la gratuidad* - Unentgeltlichkeit; **poderoso/a** - mächtig, wirkungsvoll; **la confianza** - Vertrauen; **relevante** - bedeutend, herausragend; **la manifestación** - hier: Bekundung, Äußerung; *la equidad* - hier: Gerechtigkeit; **la igualdad** - Gleichheit; **pleno/a** - lleno/a; *incuestionable* - unbestreitbar, unumstritten; *el acceso* - Zugang; **la circunstancia** - Umstand; **la expresión** - Ausdruck; **el criterio** - Wertmesser, Gesichtspunkt; *menoscabar* - vermindern, (be)schädigen; *el pilar* - Säule, Stützpfeiler; **la protección** - Schutz

---

■ **Comprensión**

Repite con tus propias palabras las tres partidas que Zapatero consideraba intocables.

■ **Comentario**

Opina cuáles te parecen ser las palabras clave en las justificaciones de Zapatero para no querer tocar estas tres partidas.

D.

1 El día 12 [de mayo de 2010], Zapatero anunció en el Congreso el mayor plan de ajuste económico en democracia: Se reducía el salario de los funcionarios en un 5% y los congelaría en 2011, junto a las pensiones. Asimismo, el Estado recortó un total de 6.000 millones de euros en inversiones, suprimió el cheque bebé y redujo el gasto en ayuda al desarrollo

5 en 600 millones. Estas medidas fueron fuertemente criticadas por [los grupos de] la oposición que acusaron al Gobierno de hacer pagar la crisis a los más débiles, y calificaron el recorte de «injusto», «insuficiente» e «improvisado». Finalmente, el Congreso aprobó las medidas, aunque con el único apoyo de los diputados del PSOE (169 votos). [168 parlamentarios votaron en contra y 13 se abstuvieron.] (2)

El cheque bebé fue una ayuda de 2.500 euros que daba el Estado español a partir de 2007 por cada nacimiento o adopción. Algunas comunidades aumentaron este importe.

📖 **Notas**

anunciar – verkünden; **reducir** – verringern; **el funcionario** – Beamter; *congelar* – einfrieren; **junto a** – neben; *asimismo* – ebenso; *recortar* – hier: kürzen; **suprimir** – streichen, abschaffen; **el gasto** – Ausgabe; **acusar** – anklagen, beschuldigen; **el/la débil** - Schwache(r); *calificar* – bezeichnen, beurteilen; **injusto/a** – ungerecht; *insuficiente* – unzureichend; **aprobar** – hier: zustimmen; **el apoyo** – Unterstützung; **el diputado** – Abgeordneter; *abstenerse* – sich enthalten

Comprensión

Repite en qué campos Zapatero estaba dispuesto a hacer recortes.

Presentación

Averigua en Internet la composición de las Cortes en mayo de 2010 (mira el resultado de las elecciones de 2008) y preséntala a tu curso. (Puedes combinar tu presentación de cinco minutos con el ejercicio de comentario.)

Comentario

Opina de qué lado político podrían provenir las críticas a los recortes mencionadas en este texto (la derecha, la izquierda, el centro).

E.

1 Pero ya notaba que los datos objetivos empezaban a contar menos que la sensación general. Es como cuando, ante un gran rumor en un acontecimiento de masas, la gente reacciona despavorida y nadie atiende a la petición de permanecer quietos que efectúan las autoridades. Así fue la percepción que tuve a partir de un determinado momento, a partir de
5 esos días de mayo de 2010. (1)

> 📖 **Notas**
> **notar** – (be)merken; **la sensación** – Gefühl, Empfindung; *el rumor* – Gerücht; **el acontecimiento** – Ereignis; *despavorido/a* – angsterfüllt; *atender a* – hören auf; **la petición** – Bitte, Verlangen; **permanecer** – (ver)bleiben; **quieto/a** – ruhig; *efectuar* – aus-, durchführen; **las autoridades** – Behörden; *la percepción* – Wahrnehmung; **un determinado momento** – ein bestimmter Augenblick

F.

1 Como era previsible, el debate fue difícil para el Gobierno. La oposición tuvo una actitud de crítica global y de rechazo a las medidas de recorte. Los grupos que colaboraban con el Gobierno fueron menos incisivos en sus críticas, pero el tono general del debate, como era fácil de esperar, no supuso el más mínimo aliento para el Ejecutivo.
5 El principal partido de la oposición atisbaba, por fin, una esperanza clara de llegar al poder. (1)

> 📖 **Notas**
> **previsible** - vorhersehbar; **la actitud** - Haltung; **global** - Gesamt-; *el rechazo* - Ablehnung; **colaborar** - zusammenarbeiten; *incisivo/a* - schneidend; **suponer** - hier: bedeuten; *el aliento* - hier: Mut, Kraft; *el Ejecutivo* - hier: Regierung; *atisbar* - erspähen

G.

1 Es verdad que, como ocurre en tantas ocasiones en la vida política, cuando se reclama una política y se articula una medida para ese fin, llueven las críticas, sin que se formule una propuesta concreta alternativa. (1)

> 📖 **Notas**
> **ocurrir** – sich ereignen; **la ocasión** – Gelegenheit; *reclamar* – hier: verlangen, fordern; *articular* – abfassen; **la propuesta** – Vorschlag

1) José Luis Rodriguez Zapatero, El dilema. 600 días de vértigo, pp. 29, 31s., 45 y 96s
Planeta, Barcelona 2013
2) www.es.wikipedia.org/wiki/Rodriguez_Zapatero

■ Análisis

Examina si Zapatero critica a sus adversarios políticos en estos tres últimos textos. Justifica tu análisis con pasajes del texto.

■ Ejercicio de mediación

Zapatero habla de un ámbito que se escapa al control del Estado y de la gente.

Un miembro del curso prepara una ponencia sobre este tema, que deberá ilustrar con ejemplos, y la presenta a sus compañeros. Otro alumno intentará mediar el contenido al curso.

Las siguientes actividades se refieren a los siete textos:

■ Comprensión

¿A qué fechas se refiere cada uno de los textos?

Fecha	Texto(s)
antes del 7 de mayo	
el 7 de mayo	
el 9 de mayo	
entre el 7 y el 12 de mayo	
el 12 de mayo	
después del 12 de mayo	

■ Comentario

El partido español se llama PSOE *(Partido Socialista Obrero Español)*, el partido alemán que le corresponde es la SPD *(Sozialdemokratische Partei Deutschlands)*. Al referirse a su partido, Zapatero habla de la socialdemocracia, y los políticos alemanes del SPD tampoco suelen usar el término «socialista». Explica y comenta este uso de las palabras.

■ Vocabulario

1. Apúntate lo contrario de las palabras en letra itálica:

los factores *negativos* — el peligro *elevado* — *reducir* la deuda — somos *capaces* — una actitud *dura* — un acuerdo *imprescindible* — recortes *suficientes* — *la reducción* del déficit — servicio *gratuito* — *una poderosa* razón — *la confianza* — *suprimir* el cheque bebé — *los débiles* de una sociedad — *aprobar* las medidas — algo es *previsible* — no supuso *el más mínimo aliento*

2. **Traduce las frases:**
   a. Nuestro sistema nacional de sanidad es la más poderosa *razón* de confianza en el Estado.
   b. ¿Es un buen consejo consultar a la *razón* y dejar decidir a los sentimientos?
   c. Explícame tus *razones* para decidir de este modo.
   d. ¿Existe la *razón* de Estado o se ocultan los políticos detrás de ella?
   e. Hijo mío, ya tienes cuarenta años, es tiempo de entrar en *razón*.
   f. No tengo la intención de ponerme a argumentar contigo, porque siempre estás cargado de *razón*.
   g. ¡No tienes ninguna *razón* para estar ofendido!
   h. Las *razones* de tu hermano no convencen a nadie.
   i. Llegará el día en que ese hombre me hará perder la *razón*.
   j. Vaya, es un gran honor para mí que por una vez me des la *razón*, porque normalmente eres tú el que tiene *razón*.

   Después, haz una lista con las traducciones del término *la razón* que has encontrado.

Ejercicio de mediación

Explica a un español el contenido de la caricatura alemana.

VOLLES PROGRAMM IM ERLEBNISPARK 'EURO-KRISE'

3. Las caras de la crisis: paro y pobreza

3.1. El paro: La desesperanza tiene números

■ Vocabulario

En este tercer capítulo vamos a hablar primero del paro. ¿Qué palabras ya conoces de este campo semántico? ¿Qué palabras faltan en los espacios libres?

> (el) desempleo − despiden (despedir) − el despido − (el) empleo − un parado − el paro − la pérdida − un puesto de trabajo − un subsidio de paro

a. Una persona que no tiene trabajo está en . . . .
b. Esta persona no tiene . . . .
c. En España, la tasa de paro o de . . . . es altísima.
d. Es muy difícil encontrar . . . .
e. ¿Durante cuánto tiempo se recibe . . . .?
f. Una persona que está en el paro es . . . .
g. Empresas que cierran . . . . a sus trabajadores.
h. El sustantivo de este verbo es . . . .
i. En la situación actual, ... del trabajo puede significar una tragedia.

A.

1 **La desesperanza tiene números**

Los servidores del grupo sueco Ikea se colapsaron ante la avalancha de solicitudes de trabajo: en diciembre recibieron 100.000 peticiones para cubrir 400 plazas en la nueva sucursal de Alfafar (Valencia). Eso da una idea de como está [la situación] laboral en este país.

5 Los más castigados por el desempleo, ya se sabe, son los jóvenes. Tenemos el dato: el 58% de los menores de 25 años. Pero ahora se ha puesto también números a su desesperanza. Según un estudio elaborado por el *Centro Reina Sofía sobre Adolescencia y Juventud*, el 71% de los jóvenes españoles considera poco o nada probable encontrar un trabajo en el próximo año. Un 80% está convencido de que tendrá que seguir dependiendo económica-

10 mente de su familia en el futuro. La mitad de ellos están dispuestos a aceptar cualquier empleo, en cualquier lugar y con cualquier sueldo. Y casi un 60% sopesa irse al extranjero en busca de oportunidades.

El País, 11/01/2014 (El acento: Generaciones desechadas)

📖 **Notas**

la desesperanza – Verzweiflung (**la desesperación**), Hoffnungslosigkeit; *el servidor* – hier: Mitarbeiter; **colapsarse** – zusammenbrechen; *la avalancha* – Lawine; **la solicitud de trabajo** – Arbeitsgesuch, -antrag; *la petición* – An-, Ersuchen; **cubrir** – hier: besetzen; **la plaza** – hier: Platz, Stelle; *la sucursal* – Zweiggeschäft, Filiale; **laboral** – Arbeits-; **el/la castigado/a** – Bestrafte(r); **elaborar** – erarbeiten; **la adolescencia** – Jünglingsalter; **considerar** – hier: ansehen, halten; **probable** – wahrscheinlich; **depender de** – abhängen von; **estoy dispuesto/a a** – ich bin bereit zu; **el sueldo** – Gehalt; *sopesar* – erwägen; **la oportunidad** – Chance; *desechar* – aufgeben, wegwerfen, ausschließen, zurückweisen

■ **Comprensión**

Resume con tus propias palabras el contenido de este texto.

■ **Vocabulario**

«la desesperanza»: El prefijo *des*- indica negación de la palabra que acompaña o lo contrario de ésta.

Mira en un diccionario todas las palabras que empiezan por DESA- y apúntate las que ya conozcas o te parezcan importantes (con y sin el prefijo).

B.

1 **¿Emigrar?**

1. Que un joven esté dispuesto a trabajar en lo que sea y por lo que sea puede verse como un síntoma de vitalidad. Así se empieza y a nadie se le deberían caer los anillos. Tampoco parece negativo que 6 de cada 10 piensen en buscarse la vida fuera de España: es una sana
5 ruptura con la mentalidad funcionarial hispánica -cuya vida ideal se compone de título, plaza fija y piso en propiedad- para acercarse a la actitud más independiente y emprendedora de los jóvenes de otros países. El drama es que este empuje choca con la falta de oportunidades. Por eso el resultado de la encuesta es tan sombrío: los jóvenes españoles están hoy atenazados por el pesimismo y el temor a la exclusión. Las mofas sobre el *mileurismo*
10 [véase abajo] y los *minijobs* resultan un ejercicio de frivolidad.

El País, 11/01/2014 (El acento: Generaciones desechadas)

📖 **Notas**

la vitalidad – Lebenskraft; *a alguien no se le caen los anillos* – jdm. fällt kein Zacken aus der Krone; *buscarse la vida* – sich durchschlagen; **sano/a** – gesund; *la ruptura* – Bruch; *funcionarial* – Beamten-; *la plaza fija* – feste Anstellung; *emprendedor/ora* – unternehmungslustig, aktiv; *el empuje* - hier: Schwung, Elan, Anstoß; **la encuesta** – Umfrage, Erhebung; *sombrío/a* – düster, pessimistisch; *atenazar* – quälen, peinigen, in die Zange nehmen; *el temor* – Furcht, Angst; **la exclusión** - Ausschluss; *la mofa* – Hohn, Spott; *un ejercicio de frivolidad* – sinngemäß: eine grobe Geschmacklosigkeit

El término *mileurismo* se usa en diferentes contextos: 1. Un *mileurista* es una persona que no gana más de mil euros. También se le puede llamar así si gana menos. 2. Un *mileurista* puede ser una persona con formación superior, que hace trabajos que están por debajo de sus capacidades. 3. Con mil euros, a largo plazo una persona no puede vivir (fundar una familia, tener piso propio o de alquiler, satisfacer sus necesidades).

■ Comprensión y análisis

1. Presenta la comparación que hace el autor entre los jóvenes españoles y los de otros países.

2. Opina si el autor de este texto ve de forma positiva o negativa la idea de la emigración.

3. Explica lo que quiere expresar el autor al hablar de «mofa» y de «ejercicio de frivolidad».

■ Taller de creación

«A alguien no se le caen los anillos si ...» Inventa una situación en la que se podría usar esta expresión.

■ Comentario

1. ¿Te gustaría ir al extranjero por algún tiempo después del bachillerato? Explica por qué.

2. Comenta la elección de la palabra «desechar» (wegwerfen, ablegen, ausschließen, ablehnen, zurückweisen, verschmähen) que ha escogido el autor para el título de su artículo.

3. En las definiciones de la palabra *mileurismo* se habla de las necesidades que tiene hoy en día una persona. ¿Cuáles son estas necesidades según tu opinión?

En lugar de un dibujo

En: *http://elpais.com/elpais/2014/01/10/opinion/1389382346_905137.html*
o en *http://elpais.com/tag/fecha/20140111 (> página 6)*

encuentras un dibujo que acompaña los textos B y C del apartado 3.1.
Haz una transparencia de este dibujo y preséntalo a tu curso.

¿Qué aspectos del contenido de los textos reconoces en el dibujo?

3.2. Un poco de estadística

A. La emigración española

	Inmigración	Emigración
Españoles	14.831	39.690
Extranjeros	119.482	219.537

La emigración española en el primer semestre de 2013

El País, 18/01/2014 (INE = Instituto Nacional de Estadística)

■ **Comentario**

Comenta el cuadro sobre la inmigración y la emigración españolas.

B. Un gráfico/diagrama sobre el paro

El desempleo de mayor duración

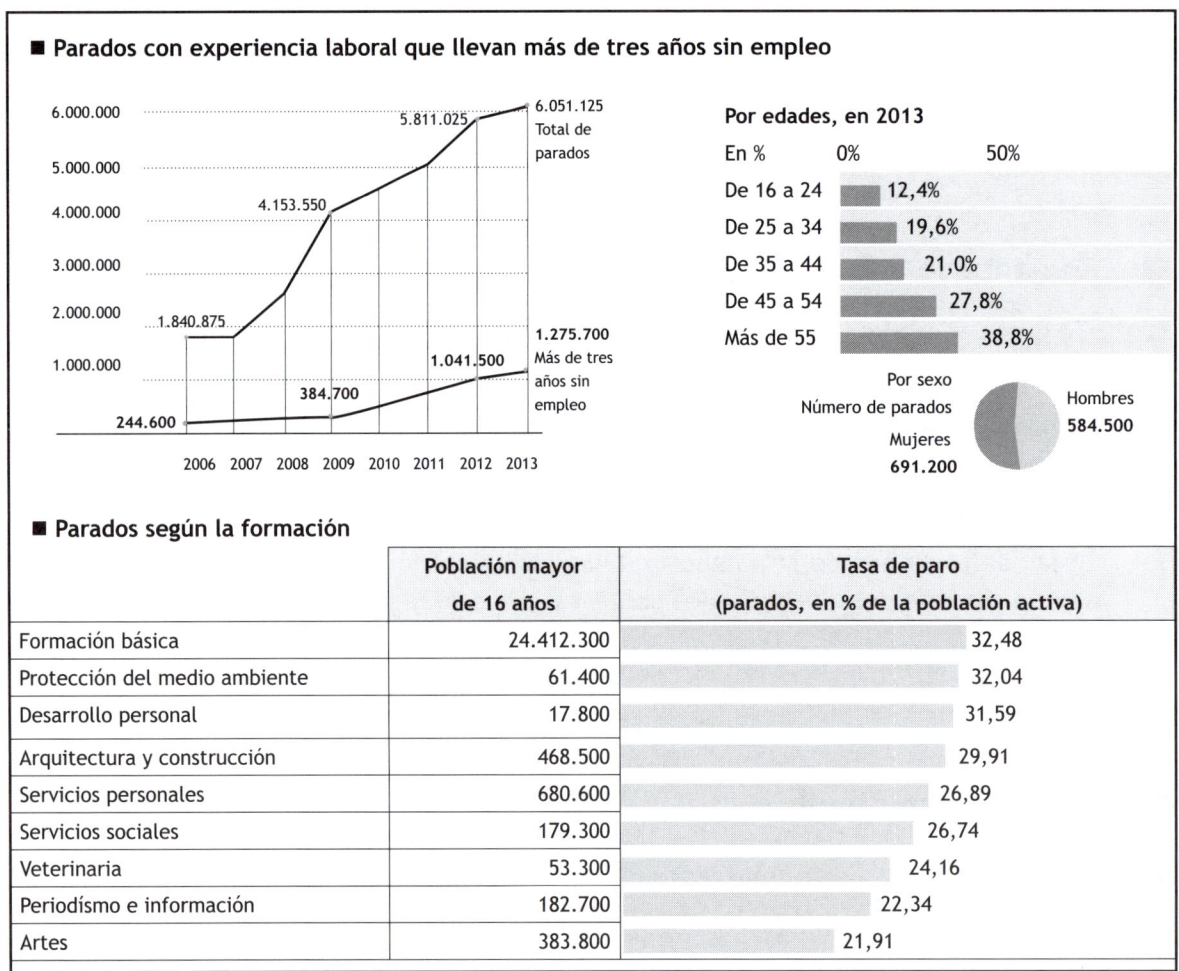

■ **Comentario**

1. Comenta este gráfico.
2. Establece una relación entre este gráfico y el cuadro sobre el precio de la vivienda por metro cuadrado (pág. 20).

3.3. La pobreza energética

1 Ya tenemos aquí el invierno y, con él, llega una de las problemáticas sociales más desconocidas y ocultas para la ciudadanía: la llamada «pobreza energética».

Esta precariedad, que sufren más de un 13% de familias en silencio, tiene graves consecuencias en la salud física y mental. La incapacidad de mantener la vivienda a una tempe-
5 ratura adecuada y de no poder cocinar, lavarse, iluminarse en condiciones normales, está provocando graves perjuicios y situaciones de subdesarrollo en nuestra sociedad.

Los altos índices de desempleo, la continua reducción salarial y las persistentes subidas en las facturas de gas y de luz están ocasionando que muchas familias no puedan [pagar] los suministros. Incluso parroquias y bancos de alimentos están pidiendo que la comida
10 que se entregue sea precocinada para evitar que las familias vulnerables deban usar y pagar más energía para prepararla.

Es el momento de buscar alternativas, nuevos modelos que no condenen ni discriminen a cuatro millones de personas a vivir sin poder hacer frente a sus necesidades más básicas.

> El sitio web donde se encuentra este texto tiene más artículos sobre el tema. He aquí dos títulos:
>
> *Las eléctricas cortaron la luz de 1,4 millones de viviendas en 2012*
>
> *El frío sin luz es más frío*

http://elpais.com/elpais/2013/11/18/opinion/1384795725_398772.html

(Nuria Salas Priego)

📖 **Notas**

la pobreza – Armut; **oculto/a** – verborgen; **la ciudadanía** - Staatsbürgerschaft; *la precariedad* - Unsicherheit, Ungewissheit; **la incapacidad** – Unfähigkeit; **mantener** – (er)halten; **adecuado/a** - geeignet; **cocinar** – kochen; *iluminar* – be-, erleuchten; *el perjuicio* – Schaden; **el desempleo** - Arbeitslosigkeit; **el índice de desempleo** - Arbeitslosenrate; *la reducción salarial* - Lohn-, Gehaltskürzung; *persistente* – anhaltend, fortdauernd; *la factura* - Rechnung; **ocasionar** – verursachen; *el suministro* – Lieferung; **incluso** - sogar, selbst; *la parroquia* – (Kirchen-)Gemeinde, Pfarrbezirk; *el banco de alimentos* – Sammelstelle für Nahrungsmittel; **entregar** – übergeben, aushändigen; *precocinado/a* – vorgekocht; **evitar** – vermeiden; *vulnerable* – verwundbar, verletzlich; **condenar** – verurteilen; **hacer frente a** – hier: widerstehen, trotzen, begegnen; **básico/a** – grundlegend; *he aquí* – hier ist/sind

---

■ Comprensión

Explica las siguientes expresiones con otras palabras:

sufrir en silencio — tener consecuencias en la salud física y mental — una temperatura adecuada — situaciones de subdesarrollo — subidas persistentes — un banco de alimentos — familias vulnerables — las necesidades básicas

◼ Vocabulario

Di lo mismo con otras palabras, empleando términos de este vocabulario:
estoy en el paro — *cobro menos que antes* — estamos hablando de una necesidad *fundamental* — *no puedo* hacerlo — esta herramienta no es *la necesaria* — *vas a tener que* pasar el fin de mes con dos euros

◼ Comentario

1. Imagínate qué significaría para tu familia si os cortasen la electricidad. (¿Qué aparatos funcionan con corriente en tu casa?)

2. Imagina qué podría significar el título *El frío sin luz es más frío*.

3. El autor del texto dice que ha llegado el momento de buscar alternativas. Explica a quién podría dirigirse y cuáles podrían ser las soluciones de este problema.

4. Opina cuáles podrían ser las «necesidades básicas».

◼ Ejercicio de mediación

En   *http://www.consumer.es/web/es/medio_ambiente/energia_y_ciencia/2012/04/09/2 08606.php* encuentras un artículo general sobre la pobreza energética. Léelo y presenta su contenido a tu curso. Incluye en tu explicación este mapa.

Pobreza energética en España

◼ Comentario

Busca explicaciones a la repartición de la pobreza energética en España que muestra este mapa. ¿Qué factores podrían intervenir? (Necesitas la definición de *pobreza energética*.)

3.4. Y el undécimo: No desahuciarás

A.

1 Cuando una persona o una familia ya no puede pagar las letras de su hipoteca, por motivos de la crisis o por otras razones, la vivienda pasa a ser propiedad del banco. Éste intentará, para poder vender o alquilar el piso, desalojar a las personas que viven en él, si es necesario, con ayuda de la policía. Este proceso se llama *desahucio*. Como en los tiempos actuales
5 los desahucios son frecuentes, se ha constituido una asociación que intenta proteger a los desahuciados y defender sus intereses (PAH = *Plataforma de Afectados por la Hipoteca*). Se ignora el número exacto de desahucios, ya que los bancos no deben comunicarlos y no todos los afectados hacen pública su desgracia. Valoraciones para el año 2012 van de 39.000 a 75.000. Desgraciadamente, ya se han producido varios suicidios por causa de los desahucios.

📖 **Notas**

el undécimo (mandamiento) – das elfte (Gebot); *el desahucio* – hier: Zwangsräumung; *la letra* – hier: Rate; **alquilar** – (ver)mieten; *desalojar* – räumen; **el proceso** – hier: Vorgang; **frecuente** – zahlreich; **constituirse** – sich bilden, gegründet werden; **la asociación** – Vereinigung, Verein; *la plataforma* – aquí: la organización, la asociación; *el afectado* – Betroffener; **se ignora** – no se conoce/sabe; *hacer público/a* – bekannt geben; **la desgracia** – Unglück; *la valoración* – Schätzung; **desgraciadamente** – leider, unglücklicherweise; **el suicidio** – Sebstmord

---

En el texto que sigue a esta introducción vas a encontrar varias palabras del mundo de la Iglesia y de la religión. Míralas primero, así la lectura te será más fácil:

el prójimo – Nächste(r)	*el padrenuestro* – Vaterunser	*el párroco* – Gemeindepfarrer
el obispo – Bischof	*la catequesis* – rel. Unterweisung	*la hermandad* – Bruderschaft
la sotana – Kutte	**el cura** – Pfarrer, Geistlicher	

B.

1 «No desahuciarás al prójimo» se ha convertido en el undécimo mandamiento para una parte de la Iglesia que pide a los obispos que se pronuncien en contra de la sangría que sufre el Estado de bienestar y la exclusión de los más débiles. Combinan la sotana con la camiseta de la marea verde, pasan del padrenuestro a los cánticos del 15-M e intercalan catequesis
5 con negociaciones con los bancos para ayudar a familias en proceso de desahucio. Son los nuevos curas rojos y creen que la Iglesia tiene el deber de luchar por la justicia social por orden del Evangelio.

Una quincena de párrocos de la *Hermandad Obrera de Acción Cristiana* (HOAC) encabezaron el pasado miércoles una protesta en contra de los desahucios en Murcia, a la que se su-
10 maron la *Plataforma de Afectados por la Hipoteca* (PAH) y los yayoflautas. Joaquín Sánchez, cura en una cárcel y miembro de la PAH de la región desde 2010, es ya un viejo conocido de los movimientos sociales de la zona. Como cualquier otro miembro de la PAH, acude a las viviendas con orden de desahucio para intentar frenar la ejecución, ayuda a las familias a negociar una condonación de la deuda o un alquiler social y participa en las protestas.

El País, 31/10/2013
www.cadenaser.com/ser/2013/06/11/espana/1371908249_850215.html

📖 **Notas**

pronunciarse en contra de – sich aussprechen gegen; *la sangría* – Aderlass; **la exclusión** – Ausschluss; **el débil** – Schwacher; **la camiseta** – T-Shirt, Unterhemd; *la marea verde* – conjunto de protestas contra los recortes en la educación («grüne Flut»); *el cántico* – Lied; **el 15-M** – Protestwelle (begann am 15. Mai 2011) [siehe Text 4.1.]; *intercalar* – einschieben, -fügen; **la negociación** – Verhandlung; *la quincena* – unos quince; *encabezar* – an der Spitze stehen; *sumarse* – sich anschließen; *el yayoflauta* – [siehe S. 17]; **la cárcel** – Gefängnis; **el miembro** – Mitglied; **acudir** – sich einfinden, herbeieilen; *la ejecución* – hier: Ausführung; **negociar** – ver-/aushandeln; *la condonación* – Erlassung; **la deuda** – Schulden

◼ Comprensión y análisis

1 **Repite el contenido de la introducción con ayuda de las siguientes palabras:**
la letra — desalojar — la policía — PAH — no se conoce — el suicidio

2. **Expón de qué dos iniciativas para ayudar a los afectados por una hipoteca nos habla este texto.**

◼ Comentario

1. **Juzga si está justificado mencionar en este contexto el Estado de bienestar.**
2. **Explica por qué se habla de «los curas rojos».**
3. **Repite las soluciones que intenta negociar Joaquín Sánchez con los bancos y opina sobre ellas.**

◼ Ejercicio de mediación

1. **Infórmate en la Red sobre la PAH y su fundadora Ada Colau y haz una ponencia a tus compañeros.**
2. **¿Cuáles podrían ser, hoy en día, las principales inquietudes de los españoles? Si buscas, con ayuda de un buscador, «las principales inquietudes de los españoles», o «inquietudes de los españoles», obtendrás mucha información. Presenta lo que has encontrado a tus compañeros.**
3. **Se puede hacer lo mismo con las principales preocupaciones de los alemanes.**

En lugar de una viñeta

En: *http://blogs.20minutos.es/eneko/?s=desahucio*

encuentras nueve viñetas del dibujante Eneko que se ocupan del tema de los desahucios. Escoge una (o dos), haz una transparencia y preséntala a tu curso.

Explica a tus compañeros por qué te has decidido por esta viñeta.

3.5. Con una pensión comen muchos

1 La paga del abuelo se convierte para muchos hogares en la última barrera contra la exclusión. Más de 300.000 familias con todos en paro conviven con un mayor.

    Volver a la casa de los padres no es sólo un paso atrás en el proyecto vital de cualquier persona. Supone también un foco de conflictos. Hace cinco años, al comienzo de esta crisis
5 que parece no tener fin, sólo el 6% de los hogares sustentados por un mayor de 65 años tenían a todos sus miembros en paro. Este porcentaje se disparó en 2011 por encima del 18%. Hoy, más de 300.000 familias españolas en las que no trabaja nadie conviven con un jubilado.

    No es sólo cuestión de la fría estadística. «Veo casos en los que una pensión ínfima que
10 antes se destinaba sólo a las necesidades del mayor tiene que alimentar ahora a una familia numerosa», explica Teresa Vinós. Esta trabajadora social de Zaragoza reconoce que por primera vez en sus 25 años de carrera se encuentra con situaciones que no sabe como afrontar.

    Emilia Escudero es una de las mujeres con las que Teresa Vinós trata a diario. Tras
15 quedar viuda y con muchos esfuerzos, sacó adelante ella sola a sus 13 hijos. Cuando ya había logrado una relativa tranquilidad y tiempo para descansar, cuatro hijos volvieron por culpa de la burbuja inmobiliaria. Todos los varones trabajaban como albañiles, y ahora tiene que dar de comer a tres con su pensión de 600 euros. ¿Cómo lo hace? «Pues comprando lo más barato, y si sobra pan un día, lo pongo al día siguiente», responde con una lógica
20 aplastante.

    La familia tradicional está siendo capaz de soportar los demoledores efectos de la crisis sobre cientos de miles, millones de españoles. Pero a costa del extraordinario sufrimiento de una generación que [puso sus esperanzas más en sus hijos que en ella misma]. A las penurias económicas hay que añadir el sufrimiento que representa la frustración de ver
25 regresar a sus hijos derrotados y con un futuro más que incierto y menos prometedor que el que ellos mismos tuvieron.

http://sociedad.elpais.com/2012/03/24/actualidad/13326007962_224569.html

(Revista de la Prensa, junio de 2012)

📖 **Notas**

la paga – Lohn, Gehalt, Rente; **convertirse en** – werden zu; **el hogar** – Zuhause, Heim; **la barrera** – Schranke; **la exclusión** – Ausschluss; **convivir** – zusammenleben, -wohnen; **el proyecto vital** – Lebensplanung; **suponer** – bedeuten; *el foco* – Herd; *sustentar* – halten, tragen, unterhalten; **el miembro** – Mitglied; *dispararse* – in die Höhe schießen; **el jubilado** – Rentner; **la cuestión** – Angelegenheit; *ínfimo/a* – muy bajo/a; *destinarse a* – bestimmen für; *afrontar* – begegnen, in Angriff nehmen; *a diario* – täglich; *la viuda* – Witwe; **lograr** – erreichen, gelingen; *el albañil* – Maurer; **sobrar** – übrig sein; *aplastante* – überwältigend; **ser capaz de** – in der Lage sein; **soportar** – ertragen; *demoledor/ora* – heftig, zerstörend; **a costa de** – auf Kosten von; **el sufrimiento** – Leiden; *la penuria* – Mangel, Knappheit; **añadir** – hinzufügen; **representar** – darstellen; **regresar** – zurückkehren; *derrotar* – schlagen, besiegen; **incierto/a** – ungewiss; **prometedor/ora** – vielversprechend

Vocabulario

En este texto hay algunas palabras y locuciones importantes y frecuentes:
convertirse en, parecer, es cuestión de, lograr, por culpa de, ser capaz de, a costa de, añadir.

Rellena los siguientes espacios libres con una de ellas:
1.   Le gusta divertirse .... sus amigos.
2.   No llegaremos a tiempo .... tu hermana.
3.   «Lo que nos estás contando .... imposible.» «Pero es verdad.»
4.   Desde que no exagero cenando .... perder diez kilos.
5   El correo electrónico aún no esta listo. Quiero .... algunos detalles.
6.   Lo siento pero no .... arreglar vuestra lavadora.
7.   Desde que sales con Maribel .... un ser humano. Me callo lo que eras antes.
8.   Ya verás como puedes hacer estos ejercicios. .... paciencia.

Gramática

¿Cualquier o *cualquiera*? **Para que no sea demasiado fácil debes decidir tú mismo/a dónde poner la palabra.**
1. Esto influye en los proyectos de persona. — 2. Habría preferido otra explicación. — 3. Idiota sabe que aquí no se puede ir a más de 30 km/h. — 4. Puedes preguntar a. — 5. Puedes llamarme a hora. — 6. Contesta: ¿Cuál de los dos cojo? — 7. Pretexto es bueno. — 8. Eso lo sabe.

Análisis

1.   Explica con tus propias palabras las siguientes expresiones: la exclusión, el proyecto vital, afrontar una situación, una relativa tranquilidad, una lógica aplastante.

2.   Explica la oposición: «la fría estadística» y «veo casos ...».

Comentario

1.   El título de este texto muestra que comer se ha convertido en lo más importante para muchas familias. Evalúa este desarrollo.

2.   Trece hijos no es poco y una familia con trece hijos no es una típica familia española. Busca explicaciones, por qué *La Revista de la Prensa* podría haber escogido este artículo.

Ejercicio de mediación

En *www.malagahoy.es/article/malaga/1329311/cada/vez/mas/familias/sacan/abuelo/ la/residencia/para/vivir/con/su/pension.html* encuentras un artículo con otro aspecto de este fenómeno: Familias sacan a sus padres o abuelos de la residencia para cuidarlos en casa y vivir con su pensión. Léelo y presenta su contenido a tu curso.

3.6. Ocho opiniones polémicas y partidistas

■ Aproximación al vocabulario

El autor de este texto se sirve de un lenguaje coloquial. Nueve expresiones, que aparecen en los textos en letras mayúsculas, corresponden a las siguientes expresiones alemanas. Forma parejas durante la lectura.

auf den Arm nehmen // es ist eine Schande // es reicht! // es satt haben // immer mehr (gilt) // in der Stadt herumlaufen // man braucht nur // nicht nötig sein // schlicht und einfach, um es klar zu sagen

A.

1 Cada vez hay más más ricos y más más pobres, ASÍ DE SENCILLO.

B.

1 Unos señores muy ricos en todo el mundo decidieron que YA ESTABA BIEN DE *Estado de bienestar*, *Sociedad de bienestar*, o como quieran llamarlo. Antes había –por lo menos en los países occidentales– una sociedad más equilibrada, donde las diferencias entre ricos y pobres tendían a estrecharse. Donde había un concepto muy extendido de que tenía que
5 haber un fondo de justicia social.

> *partidista* - hier: parteiisch, subjektiv; **equilibrado/a** - ausgeglichen; **tender a** - neigen zu, streben nach; *estrecharse* - enger werden; **el concepto** - Vorstellung; **extendido/a** - weit verbreitet

C.

1 Pero ahora tenemos las ideas más antiguas y primitivas del ser humano, que nacieron con el hombre del Paleolítico y aún con el mundo animal: «Todo para mí y nada para los demás.» El pedazo más grande del mamut será para mí que soy el líder. A los demás les quedarán las migajas. Sin sonrojo y sin remordimiento alguno.

> *el paleolítico* - Altsteinzeit; **y aún** - und sogar; *el pedazo* - el trozo; *la migaja* - Krume; *el sonrojo* - Schamröte; *el remordimiento* - Gewissensbisse

D.

1 La genealogía de la moral es algo fabricado por los pobretones para cambiar los cerebros de los opulentos. Y que estos no quieran beneficiarse de su poder. El superior debe ser fuerte y machacar al débil. (Asi vino, claro está, el atroz nacismo.)

> *la genealogía* - iron. benutzter Begriff, eigentlich: Ahnenforschung; *el/la pobretón/ona* - armer Kerl; **el cerebro** - Gehirn; *opulento/a* - sehr reich; **beneficiarse** - Nutzen ziehen; *machacar* - kleinkriegen; *atroz* - grausam, grauenhaft

E.

1 No nos damos cuenta, pero esta ideología se va imponiendo en nuestra sociedad. Conceptos como competividad, productividad, contactos, beneficios banqueros o empresariales, etc. se van imponiendo en el argot popular frente a justicia social, equidad, talento, esfuerzo, necesidades, etc. El triunfo del lenguaje economicista frente al lenguaje humano.

> **imponerse** - sich durchsetzen; **la competividad** - Wettbewerbsfähigkeit, -geist; **el beneficio** - Nutzen, Vorteil; *empresarial* - Unternehmens-; *el argot popular* - Umgangssprache; *la equidad* - Recht und Billigkeit, Gerechtigkeit; **el esfuerzo** - Anstrengung; *economicista* - de la economía

F.

1 La gente ESTÁ HARTA DE que les TOMEN EL PELO. De que los bancos tengan beneficios y despidan a trabajadores. De que los altos directivos cobren cada vez más miles de euros al mes, mientras que muchos ya casi no saben lo que es un billete. De que la economía vaya tan bien como nos dicen y el consumo se haya retraído hasta niveles que antes parecían
5 imposibles. No hay más que PATEAR LA CIUDAD. NO HACEN FALTA encuestas ni sondeos.

> **despedir** - hier: entlassen; *el directivo* - Vorstandsmitglied; **cobrar** - (ein)kassieren; **el billete** - hier: Geldschein; *retraerse* - zurückgehen; *la encuesta* - Umfrage, Erhebung; *el sondeo* - Erforschung

G.

1 Que 20 españolitos mimados por la diosa Fortuna poseen el 20% de la riqueza nacional, ¡QUÉ VERGÜENZA!

> *mimado/a* - verwöhnt; **la riqueza** - Reichtum

H.

1 Se ha establecido con fuerza la oligocracia. Manda una oligarquía con unos lazos de nueva sangre azul. NO HAY MÁS QUE ver los apellidos de la *jet set* de hoy y lo comprobarán. CADA VEZ MÁS, si no tienes padrino … no trabajarás.

> **establecerse** - sich festsetzen; *la oligocracia* - Herrschaft einer kleinen Gruppe (= la oligarquía); **mandar** - befehlen, den Ton angeben; *el lazo* - hier: Band, Verbindung; **el apellido** - Nachname; **comprobar** - feststellen; *el padrino* - Taufpate, Beschützer

http://www.aragondigital.es/noticia.asp?notid=116710

(03.02.2014 José Luis Mateos Barrionuevo)

■ Taller de creación

¿Te han gustado algunas de las nueve expresiones del vocabulario? Inventa dos situaciones donde puedas usar alguna de ellas.

■ Análisis

1. Apúntate las ideas principales de estos textos y repite con tus palabras cómo se está desarrollando, según el autor, nuestra sociedad.

2. ¿Dónde se encuentran las siguientes ideas:
   a. La moral no ha cambiado mucho en los últimos miles de años.
   b. Los políticos nos engañan frecuentemente.
   c. Los ricos mandan.
   d. Hay políticos y empresarios que no tienen vínculos emocionales con la gente.
   e. El hombre cambia a través de la lengua.
   f. Muchas personas en el poder se aprovechan de su posición.

■ Comentario

Seguro que entre las opiniones expresadas en estos textos encuentras algunas con las que no estás de acuerdo. Explica a tu curso donde, según tu convicción, se equivoca el señor Mateos Barrionuevo.

■ Ejercicio de mediación

Explica a un hispanohablante lo que quiere expresar un alemán cuando dice:

1. Die Schere zwischen Arm und Reich öffnet sich immer weiter.
2. Mit Vitamin B erreicht man, was man will

En lugar de una viñeta

En: http://elpais.com/elpais/2012/04/13vinetas/1334328155_618222.html
o en: http://elpais.com/tag/fecha/20120414 (> página 6)

encuentras una viñeta del dibujante El Roto que se podría relacionar con las ideas del señor Mateos Barrionuevo.

Haz una transparencia para tu curso, describe y comenta esta viñeta.

(¿Con qué textos se puede relacionar esta viñeta? Explica lo que quiere expresar El Roto. ¿A quién representan la mano y el perro? Observa que el comedero (Fressnapf) está lleno. ¿Qué reflejan los ojos del perro? ¿Un perro se puede buscar un trabajo? Etc.)

---

4. Las caras de la crisis: protestas y manifestaciones

4.1. El 15-M - Los indignados

¡ADIÓS MAFIA, HOLA DEMOCRACIA!

¡No somos marionetas en manos de políticos y banqueros!

¡No somos mercancía en manos de políticos y banqueros!

A.

1 **Pancartas en manifestaciones y comentarios en Internet**
Los autores del manifiesto de la plataforma *Democracia Real Ya*, asindical y apartidista, se consideraban preocupados e indignados por el panorama político, económico y social existente en España, marcado por la corrupción de los políticos, banqueros y grandes em-
5 presarios.

📖 **Notas**
la manifestación – Demo(nstration), Kundgebung; **indignado/a** – empört; *la mercancía* – Ware; **el banquero** – Bankier, Banker; *la pancarta* – Spruchband, Plakat; *el manifiesto* – Manifest, (pol.) Erklärung/Text; *la plataforma* – aquí: la organización, la asociación; **ya** – hier jetzt, gleich, hier und jetzt; **a-** – prefijo que indica negación; **sindical** – adj. de **el sindicato** (Gewerkschaft); *partidista* – adj. de **el partido**; **considerarse** – sich halten (für); **preocupado/a** – besorgt; **marcar** – hier: kennzeichnen

El Movimiento 15-M es un estado de politización o repolitización de la ciudadanía, un momento en el que la gente despierta de alguna manera y empieza a sentirse junta y a poder hablar de ciertos temas que nos estaban preocupando a todas. Es un espacio de encuentro. (Marta G. Franco)

El 15-M es lo que hacía falta y nadie se esperaba, lo que todo el mundo queríamos que ocurriera, que era como una explosión de participación y lo que parecía que nunca iba a venir, porque España era un páramo de movilización: teníamos las tasas más altas de paro, unas de las peores condiciones laborales y sin embargo todo el mundo se quejaba en el sofá o en el bar, y de repente cambia. (Pablo Padilla)

www.es.wikipedia.org/wiki/Movimiento_15-M

📖 **Notas**

el estado – Zustand; *la politización* – Politisierung; *la ciudadanía* – Bürgerschaft; **despertar(se)** – aufwachen; **junto/a** – zusammen, miteinander; **ciertos temas** – gewisse Themen; **preocupar** – beschäftigen; **el espacio** – Raum; **ocurrir** – sich ereignen; **la participación** – Beteiligung; **parecer** – scheinen; *el páramo* – Öde, unfruchtbares Land; **la movilización** – Einsatz, Mobilisierung; **la tasa de paro** – Arbeitslosenrate; **uno/a de los/las peores** – einer/eine der schlechtesten/schlimmsten; **la condición laboral** – Arbeitsbedingung; **sin embargo** – trotzdem, dennoch; **quejarse** – sich beklagen; **de repente** – plötzlich; **cambiar** – sich ändern

B.

1 **El Movimiento 15-M**

El 15 de mayo de 2011 (de ahí el nombre *Movimiento 15-M*), en más de cincuenta ciudades, la sociedad civil española protestó contra los políticos, inspirada en la revuelta en Grecia de 2008 y también en las revoluciones y protestas en el mundo árabe de 2010–2011. La primera
5 manifestación, organizada por la plataforma *Democracia Real Ya*, concluyó en la madrugada del 16 de mayo cuando fueron desalojados de la Puerta del Sol los asistentes que seguían allí congregados. Tras el desalojo de esta acampada, al día siguiente se reprodujeron centenares de acampadas en las plazas de la mayoría de las ciudades españolas.

El 17 de mayo se volvieron a concentrar 10.000 personas [en la Puerta del Sol]. Las dis-
10 tintas manifestaciones del 19 de junio convocaron a un gran número de ciudadanos en más de 60 ciudades del país, llegando algunas estimaciones al millón de personas.

Estas protestas pacíficas querían promover una democracia más participativa alejada del bipartidismo PSOE-PP (PPSOE) y del dominio de bancos y corporaciones, así como una auténtica división de poderes y otras medidas con la intención de mejorar el sistema democrático.

www.es.wikipedia.org/wiki/Movimiento_15-M

📖 **Notas**

el movimiento – Bewegung; *la revuelta* – Revolte, Aufstand; *concluir* – zu Ende gehen; *la madrugada* – Tagesanbruch; *desalojar* – räumen; *la Puerta del Sol* – zentraler Platz in Madrid; *el asistente* – Anwesender; *congregar* – versammeln; *la acampada* – Zelten, Kampieren; **reproducirse** – hier: sich wieder ereignen; *el centenar* – cien; **la mayoría** – Mehrheit; *concentrarse* – hier: zusammenkommen; *distinto/a* – unterschiedlich, verschieden; **convocar** – einberufen; **el ciudadano** – Bürger; *la estimación* – Schätzung; **pacífico/a** – friedlich, friedfertig; *promover* – hier: auslösen; *más participativo/a* – mit größerer Beteiligung; *alejado/a de* – entfernt von; *el bipartidismo* – Zweiparteiensystem; **el dominio** – hier: Herrschaft; *la corporación* – Körperschaft; **la medida** – Maßnahme; **la intención** – Absicht

Comprensión y análisis

1. Explica con tus propias palabras la expresión «un páramo de movilización».

2. Describe el desarrollo del *Movimiento 15-M* en las primeras semanas de su existencia.

3. Explica qué características del *Movimiento 15-M* se encuentran en este texto.

4. Expón las críticas mencionadas en este texto.

Vocabulario

1. Las palabras *considerarse y producirse* aparecen frecuentemente en este cuaderno. Haz tres oraciones con cada una.

2. «Repolitización», «se reprodujeron». El prefijo *re-* significa *repetición*. Mira en un diccionario de la lengua española palabras que empiezan por *re-* y apúntate cinco en las que este comienzo sea verdaderamente el prefijo.

3. Busca en el vocabulario que conoces seis palabras que existan con y sin el prefijo *re-*. Escribe para un compañero una lista con estas seis palabras y cuatro más. Él deberá encontrar las cuatro palabras que no existen con este prefijo. («Asindical», «apartidista»: Se puede hacer el mismo ejercicio con el prefijo *a-*.)

Traduce

a) En las concentraciones podemos hablar sobre *ciertos* temas que nos preocupan.

b) Creo que lo que dices no es *cierto*.

c) Todavía no se qué hacer. *Lo cierto es que* no tengo ganas de ir a esa fiesta.

d) Eso es tan *cierto* como (que) dos y dos son cuatro.

e) A *ciertas* preguntas no suelo responder.

f) Al principio no nos lo creíamos, pero la noticia resultó ser *cierta*.

g) Tengo *ciertas* sospechas, pero de momento prefiero callarme.

h) *Por cierto*, ahora me acuerdo del título por el que me preguntaste hace unos días.

Comentario

1. Es de suponer que el *Movimiento 15-M* repercutió en las elecciones del 20.11.2011. Opina de qué forma podría haber sucedido y justifica tus palabras.

   (Este ejercicio también puede ser un ejercicio de mediación: Un alumno busca comentarios en la red, de qué forma el movimiento influenció el resultado de las elecciones y presenta en alemán a su curso lo que ha encontrado.)

2. En la foto que acompaña estos textos llama la atención que los participantes de la concentración son en su gran mayoría gente joven. Explica y comenta este hecho.

3. «La sociedad civil» tiene otro significado que «la sociedad». Comenta qué podría querer expresar el autor al escoger este término.

■ **Ejercicio de mediación**

Busca más detalles sobre este movimiento y sus propuestas políticas en la red e informa a tus compañeros. (O mira el artículo *Proteste in Spanien 2011/2012* en la Wikipedia alemana y presenta su contenido principal.)

C. Un salto de cuatro años

1 **Elecciones autonómicas y municipales del 24 de mayo de 2015**
El voto joven, decisivo para consumar el cambio
La «hipermovilización» del voto joven que apuntan las última encuestas puede marcar en las elecciones municipales y autonómicas de mañana un cambio generacional, en el que
5 el votante de 18 a 54 años apoye a los partidos emergentes (Podemos y Ciudadanos) y el mayor de 55 años a los del bipartidismo (PP y PSOE).

El País, 23/05/2015

📖 **Notas**

decisivo/a – entscheidend; *consumar* – vollenden; *hiper-* Vorsilbe, die «im Überfluss», «in hohem Maße» bedeutet; *apuntar* – hier: hinweisen; **la encuesta** – Umfrage; *marcar* – hier: bedeuten; **el votante** – Wähler; *emergente* - aufkommend; **el bipatidismo** – Zweiparteiensystem

---

■ **Ejercicio de mediación**

En: http://elpais.com/tag/fecha/20150525 tienes todo el periódico del día después de las elecciones. Mira algunos títulos y preséntalos a tu curso.

Una de las concentraciones del 15-M en la Puerta del Sol de Madrid.

(Véase el ejercicio número 2 del Comentario)

4.2. *Escrache*, palabra del año 2013

1 La *Fundéu BBVA* ha elegido palabra del año *escrache*. «Buscábamos una palabra que tuviera cierto interés desde el punto de vista lingüístico, bien por su origen o por cómo está formada, y que haya estado en el primer plano de la actualidad en los últimos meses", explica el director general de la Fundéu. «*Escrache* reúne cualidades en los dos aspectos:

5 es una palabra con un origen no del todo cierto, pero muy interesante, que ha llegado al español de España desde el de Argentina y Uruguay, y que se convirtió en protagonista de la actualidad y en el centro de una polémica en la que se cruzaban los elementos lingüísticos y los políticos.»

«Conviene destacar también el valor que tiene el viaje transatlántico de esta palabra.

10 Un hecho lingüístico que cada día se produce con mayor frecuencia y rapidez y que resulta un elemento enriquecedor del español, sumando aportaciones propias de la lengua de una comunidad al resto de comunidades de habla hispana», añade el director general.

El *Diccionario de la Real Academia Española* no incluye ese término, pero sí el verbo *escrachar*, como una expresión coloquial propia del español rioplatense con dos significados:

15 «romper, destruir o aplastar» y «fotografiar a una persona».

El *Diccionario de Americanismos* de la *Asociación de Academias de la Lengua Española* añade que *escrachar* significa también «dejar en evidencia a alguien».

Y para el sustantivo *escrache* aporta la definición que ha popularizado el término fuera de su ámbito original: «manifestación popular de denuncia contra una persona pública a la

20 que se acusa de haber cometido delitos graves o actos de corrupción y que en general se realizan frente a su domicilio o en algún otro lugar público al que debe [ir] la persona denunciada.»

www.elperiodicodearagon.com/noticias/sociedad/escrache-palabra-ano-2013_909903.html

---

📖 **Notas**

el escrache - se explica en el texto; *la Fundéu* - **Fun**dación **del E**spañol **U**rgente (véase abajo); BBVA - **B**anco **B**ilbao **V**izcaya **A**rgentaria (Name einer ehemaligen Bank); **elegir** - (aus)wählen; *bien por ...* - sei es wegen ...; **en el primer plano** - im Vordergrund; **reunir** - vereinigen; **la cualidad** - Eigenschaft; **el aspecto** - hier: Hinsicht; **el origen** - Herkunft, Ursprung; **el/la protagonista** - Hauptdarsteller; **cruzarse** - sich kreuzen, sich begegnen; *convenir* - hier: angebracht sein; **destacar** - hervorheben; **el hecho** - Tatsache; **la frecuencia** - Häufigkeit; **la rapidez** - Schnelligkeit; **resultar** - sein, sich erweisen als; *enriquecedor/ora* - bereichernd; *sumar* - hier: hinzufügen; *la aportación* - Beitrag; **propio/a de** - zugehörig; **la comunidad** - hier: Gemeinschaft; *el habla (f.)* - la lengua; **añadir** - hinzufügen; *incluir* - hier: einschließen, mit aufnehmen; **coloquial** - umgangssprachlich; *rioplatense* - Adj. von *Río de la Plata* (Mündungsgebiet der Flüsse Paraná und Uruguay; trennt Argentinien und Uruguay); **el significado** - Bedeutung; **romper** - zerbrechen; **destruir** - zerstören; *aplastar* - zerdrücken; **el americanismo** - lateinamerikanisches Wort; *la asociación* - Vereinigung; *dejar en evidencia a alguien* - jdn. bloßstellen; *aportar* - bringen, beitragen; *popularizar* - verbreiten, populär machen; **el ámbito original** - ursprünglicher Bereich/Umkreis; *la denuncia* - Anzeige; **acusar** - anklagen; **cometer un delito** - eine Straftat begehen; **el acto** - hier: Handlung; **realizar** - durchführen; **el domicilio** - Wohnsitz

El español urgente: Es ist ein sehr ungewöhnlicher Gebrauch dieses Adjektivs. Man kam auf die Formulierung, weil die Medien an der schnellen Verbreitung neuer Begriffe stark beteiligt sind. Es ist eine Art Wortspiel.

■ Comprensión

1. Repite los dos motivos por los que el término *escrache* fue elegido «palabra del año».

2. Presenta el significado que tiene esta palabra actualmente en España.

■ Vocabulario

Traduce:

a. Se trata de una expresión coloquial *propia* del español rioplatense. — b. Intento comprar los productos *propios* de la región. — c. Lo que has hecho no es *propio* de ti. — d. Ciudad Real es un nombre *propio*. — e. He conseguido hablar con el *propio* ministro. — f. Este mueble lo ha hecho Atanasio con sus *propias* manos. — g. El acusado fue absuelto porque había actuado en defensa *propia*. — h. No valen excusas. Es tu *propia* culpa. — i. ¿Cómo es posible engañar así a su *propio* hermano? — j. Este viaje lo haré por *cuenta propia*. — k. No hago más que citarte. Estas fueron tus *propias* palabras. — l. ¿Tienes piso *propio* o vives en alquiler?

■ Comentario

1. Los términos «delito» y «corrupción» hay que usarlos con cuidado. Expón los diferentes criterios que puede uno tener al usarlos.

2. ¿Te parece justa la forma de protesta descrita en este texto? Justifica tu opinión.

3. Describe y comenta la fotografía en esta página.

■ Juego de roles

Un defensor y un adversario de los escraches discuten. (Cada uno deberá preparar primero algunos argumentos, pero durante la discusión deberá intentar responder a los argumentos del otro.)

Un escrache en Barcelona

4.3. La *Marea Blanca* marea al Gobierno

■ Acércate al texto

Algunos alumnos han preparado en casa una explicación en español de los sistemas de los *Leiharbeiter* (trabajadores alquilados, prestamismo laboral) y del *Outsourcing* (cesión de trabajo a empresas particulares). En un ejercicio de mediación, un alumno resume lo que han dicho sus compañeros.

Como cada mes desde que comenzó el año, la *Marea Blanca* saldrá también esta jornada, tercer domingo de mayo [19.05.2013], a proclamar que «**la sanidad no se vende, se defiende**», en la marcha convocada por la *Mesa en Defensa de la Sanidad Pública de Madrid* (MESDAP). (www.el mundo.com)

> 📖 **Notas**
> *la marea* – Flut; **marear** – schwindelig machen, auf die Nerven gehen; **alquilar** – (ver)mieten; *el prestamismo* – Ausleihung; **laboral** – Arbeits-; *la cesión* – Übertragung, Abtretung; *esta jornada* – aquí: hoy; **proclamar** – verkünden; **la sanidad** – Gesundheitswesen; **la marcha** – hier: (Protest-) Marsch; **convocar** – einberufen; *la mesa* – hier: Präsidium

1 **En defensa de la sanidad pública**
El 31 de octubre de 2012 el presidente de la Comunidad de Madrid, Ignacio González, presentó el plan de una «reforma estructural» del sistema sanitario público. Se basaba en la premisa «Lo primero y más importante es ahorrar» y su línea maestra era la cesión
5 a empresas de la gestión de hospitales, de centros de salud y de cualquier servicio no sanitario. Por su parte, la *Consejería de Sanidad* se dedicaría a la reducción de la plantilla asistencial.
El cambio de modelo en la sanidad pública fue un acto inesperado del Gobierno madrileño. Nada ni remotamente parecido figuraba en las propuestas electorales [elecciones
10 autonómicas de 2011]. La entrada a gran escala de las empresas en todas las esferas de la sanidad fue justificada por la caída de ingresos en las arcas públicas.
La oposición al plan de medidas se materializó en una huelga de profesionales sanitarios en noviembre de 2011. Se le sumó una batería de manifestaciones protagonizadas por médicos, cuyas batas dieron el nombre a las marchas de *Marea Blanca*. Tras la aprobación,
15 el 27 de diciembre de 2012, del texto que permitía la entrada de empresas en la dirección médica de seis hospitales, la oposición se trasladó de la calle a los juzgados.

> **En el subtítulo del artículo del que proviene este texto pone:**
> 1. El gobierno de Madrid no ha conseguido traspasar la gestión de seis hospitales a empresas como diseñó en octubre de 2012.

📖 Notas

sanitario/a – Gesundheits-; **basarse en** – sich gründen auf; *la premisa* – Prämisse, Vorbedingung; **ahorrar** – sparen; *la línea maestra* – Leitlinie; *la gestión* – Leitung, Geschäftsführung; **la salud** – Gesundheit, Wohlbefinden; **el servicio** – hier: Dienstleistung; **dedicarse a** – sich widmen; **la reducción** – Senkung, Kürzung, Herabsetzung; *la plantilla* – Belegschaft; *asistencial* – Pflege-, Fürsorge-; **inesperado/a** – unerwartet; *ni remotamente* – nicht im Entferntesten; **figurar** - erscheinen; **la propuesta** – Vorschlag, Aufstellung; **electoral** – Wahl-; *a gran escala* – in großem Umfang; *la esfera* – hier: Bereich; **justificar** – rechtfertigen; **la caída** - Fall; **los ingresos** - Einnahme, Einkünfte; *la arca pública* – Staatskasse; *materializarse* – Gestalt annehmen; **la huelga** – Streik; **el/la profesional** – Berufstätiger; *sumarse* – sich anschließen; *una batería de* – eine ganze Batterie von; **protagonizar** – die Hauptrolle spielen; *la bata* – Arbeitskittel; *la aprobación* – Zustimmung; *trasladarse* – sich begeben; **el juzgado** – Gericht; *traspasar* – übertragen; *diseñar* – entwerfen, planen

1 La privatización se ha ido profundizando. Actualmente, casi cualquier actividad que no sea médica está ya en manos de contratistas. La limpieza, el mantenimiento, la lavandería o las comidas han pasado al mercado.

2. La cesión a contratistas de casi cualquier actividad dentro de los centros sanitarios sí ha sido cumplida.

📖 Notas

profundizar – vertiefen; **la actividad** – Tätigkeit; *el/la contratista* – Unternehmer, Leistungsanbieter; *la limpieza* – Reinigung; *el mantenimiento* – Wartung, Instandhaltung; *la lavandería* – Wäscherei; **el mercado** – Markt

1 Además de librarse de los trabajadores que pasaron a depender de las empresas privadas, Madrid ha reducido parte de sus equipos con la jubilación de profesionales a los 65 años. En mayo de este año, de golpe quedaron fuera de los hospitales 700 médicos. Hasta entonces la trayectoria profesional se podía prolongar hasta los 70 años. Esta es la primera fase
5 de un adelgazamiento de 1.200 facultativos para cinco años, según los cálculos de Sanidad.

3. La plantilla y actividad sanitaria ha disminuido, como anunciaba el Plan de Medidas del consejero de Sanidad de Madrid, Javier Fernández Lasquetty.

www.eldiario.es/sociedad/sanidad-marea_blanca-privatizacion_0_189681262.html
(26.10.2013)

📖 Notas

librarse de – sich befreien, loswerden; **depender de** – abhängen von; **reducir** – verringern; *el equipo* – hier: Arbeitsgruppe; *la jubilación* – Pensionierung; *de golpe* – auf einen Schlag; *la trayectoria profesional* – Berufslaufbahn; **prolongar** – verlängern; *el adelgazamiento* – hier: Verringerung; *el facultativo* – aquí: el médico; **el cálculo** – Berechnung

Una marea tricolor toma las calles de Madrid

Varios cientos de personas se han dado cita este domingo [15.12.2013] en la Glorieta de Atocha para marchar hasta la Puerta del Sol en la décimocuarta *Marea Blanca*, convocada por la MESDAP. La manifestación cuenta esta vez con la presencia de la *Marea Verde*, que protesta contra los ahorros en la educación, y de la *Marea Roja*, de la ciencia.

(www.newsesp.com)

La última Marea Blanca [21.04.2013] reunió a 70.000 personas según la MESDAP; entre 40.000 y 50.000, según los sindicatos; y entre 3.000 y 3.500, según fuentes policiales.

(www.elmundo.com)

📖 **Notas**

darse cita – sich verabreden; *la Glorieta de Atocha* – zentraler Platz in Madrid; **la presencia** – Anwesenheit; **la ciencia** – Wissenschaft; **reunir** – versammeln, vereinigen; **el sindicato** – Gewerkschaft; **la fuente policial** – Polizeiquelle

■ **Comprensión y análisis**

1. Examina ¿qué planes pudo llevar a cabo el gobierno de Madrid y cuáles no?

2. Lee el texto principal otra vez y di si se puede reconocer donde están las simpatías del autor. (Debes mirar el contenido y los términos que usa.)

3. En el primer subtítulo pone que el gobierno de la comunidad de Madrid no ha conseguido traspasar la gestión de seis hospitales a empresas particulares. ¿Qué se lo ha impedido?

4. Analiza el contenido de los capítulos 3 y 4 e intenta explicar por qué hay dos capítulos sobre «Las caras de la crisis».

■ **Vocabulario**

1. Di rápidamente el verbo de cada uno de estos sustantivos y haz una frase con cada verbo:

   la actividad – el contratista – la limpieza – el mantenimiento – la lavandería – la comida – el cálculo – la presencia – la prueba – la educación – la manifestación.

2. «una batería de + un sustantivo en plural». Tienes en alemán la misma locución. Haz tres oraciones con esta expresión.

■ **Gramática**

«se puede leer», «se podía prolongar»; «no ha conseguido traspasar»; «se ha ido profundizando». Haz dos oraciones con cada una de estas tres perífrasis verbales.

■ Comentario

1. Intenta explicar por qué en una manifestación pueden haber 3.000 y 70.000 personas al mismo tiempo.

2. Explica qué ventajas y qué desventajas tiene la cesión de ciertos trabajos a empresas privadas.

3. Evalúa quiénes son los perdedores y quiénes los ganadores del sistema de prestamismo laboral.

4. Describe la fotografía al final del apartado 4.3. Comenta algunas de las pancartas mostradas en manifestaciones de la *Marea Blanca*. («Venden mi salud»; «Robáis salud»; «La sanidad pública es garantía para ti y para todos»; «Por tu derecho a la salud»; «Ni un paso atrás. La lucha continúa por la sanidad pública de calidad»; «Sí a la sanidad pública y servicios públicos»

Una manifestación contra la política sanitaria en la Comunidad de Madrid

5. El hombre que tocó el cielo financiero. El caso de *Caja Madrid*

1 En este quinto capítulo se va a tratar otro aspecto de la crisis que está atravesando España en nuestros días: la corrupción. Como se pueden tener diferentes criterios al hablar de corrupción, este capítulo empieza con una clarificación:

¿Qué es corrupción? Unos llaman cierta actitud corrupción, otros no. Los que exigen ética,
5 moral,decencia, los que piensan que democracia no es sólo un sistema político, sino también una convicción, una forma de vivir y de hacer las cosas, llaman corruptos a los políticos, empresarios u otros profesionales que no se contentan con su sueldo, sino que aprovechan su posición, su poder y sus relaciones para enriquecerse, para enriquecer a sus parejas, amigos y correligionarios. (Uno se puede preguntar si estas personas quisieron llegar al poder para
10 cumplir con una obligación, por la que fueron votadas, o para enriquecerse. O si no pudieron o no quisieron resistir a la tentación que se les ofrecía.) Estas personas rechazan, naturalmente, el reproche de ser corruptos, y la ley les suele dar la razón, o encuentran jueces muy benévolos o benevolentes.

Ahora se podría comenzar un segundo párrafo: ¿Qué actitud es ética? ¿Qué actitud es moral?
15 ¿Qué es y qué no es democracia? Pero entonces este texto dejaría de ser una introducción.

No se van a tratar aquí una o dos docenas de casos de corrupción (en el sentido de los moralistas arriba mencionados). Sino sólo un caso en representación de muchos.

📖 **Notas**

la caja – hier: Sparkasse; **atravesar** – hier: durchmachen; **el criterio** – Kriterium, Meinung; *la clarificación* – Klärung, Klarstellung; **exigir** – fordern; *la decencia* – Anstand; **la convicción** – Überzeugung; **contentarse** – sich zufriedengeben; **el sueldo** – Gehalt; **aprovechar** – ausnutzen; **la posición** – Stellung; **la relación** – Beziehung, Kontakt; **enriquecerse** – sich bereichern; **la pareja**: hier: Partner/in; *el correligionario* – Gesinnungs-, Parteigenosse; **la obligación** – Verpflichtung; **ser votado/a** – gewählt werden; **resistir a la tentación** – der Versuchung widerstehen; *rechazar* – zurückweisen; *el reproche* – Vorwurf; *benévolo/a* – mild, nachsichtig; *benevolente* – wohlwollend; **el párrafo** – Absatz; **la docena** – Dutzend; **en representación de** (f.) – stellvertretend

■ **Presentación**

En esta introducción se encuentra, aunque no sea mencionada explícitamente, la pareja de términos *legal* **y** *legítimo*. **Infórmate sobre su contenido y preséntalo a tu curso.**

■ Aproximación a los textos

También estos breves textos contienen muchos vocablos del mundo de la economía, sobre todo de los bancos. ¡A ver si ya conoces algunos! Hazte una lista con ellos, así los retendrás mejor y los encontrarás más deprisa cuando te hagan falta. Añade en tu lista detrás de las palabras en itálica el verbo o el sustantivo.

comprar — pagar — el gasto — el coste — la emisión — la inversión — la pérdida — la ganancia

la Bolsa — *comprar — pagar* — cobrar — *el gasto* — la tarjeta — *el coste* — la contabilidad — el capital — *la emisión* — el bono basura — los intereses — *la inversión — la pérdida — la ganancia* — conceder un crédito	Zinsen — Kosten — Kapital — Börse — Verlust — einen Kredit gewähren — Karte — Investition — Gewinn — kaufen — Ausgabe von Anleihen- kassieren — bezahlen — Buchhaltung, -führung — Ausgabe — Ramsch-, Schrottanleihe

El ex presidente de *Caja Madrid* (1996-2009), Miguel Blesa, llegó a la entidad de la mano de su amigo y ex jefe de Gobierno (1996–2004) Aznar sin experiencia bancaria. Aprovechó la burbuja y la Bolsa para un crecimiento descontrolado de la Caja que terminó en la ruina y en el rescate público.

📖 Notas
la entidad - aquí: la caja; **la experiencia** - Erfahrung; **la burbuja** - Blase; *descontrolado/a* - unkontrolliert; *el rescate* - Rettung; **público/a** - öffentlich

En lugar de una fotografía

Si quieres ver una fotografía de Miguel Blesa, introduce en un buscador «Fotografías Miguel Blesa». También puedes introducir «Viñetas Miguel Blesa».

Explica a tu curso por qué motivos querías ver fotografías de este señor o viñetas sobre él. ¿Te gustaría presentar alguna a tu curso?

5.1.

1 El ex presidente de *Caja Madrid*, Miguel Blesa, adquirió en febrero de 2010 un chalet en una exclusiva urbanización madrileña un mes después de dejar la presidencia del banco. Bodega, piscina privada, gimnasio, área de juego para niños, garaje para tres coches, tres plantas, seis dormitorios y seis baños en una finca de 878 metros cuadrados. El banquero 5 desembolsó por el chalet 2,15 millones de euros. Esta cantidad fue pagada al contado. (1)

📖 **Notas**

adquirir – erwerben; *el chalet* – Villa; *exclusivo/a* – hier: vornehm; **la urbanización** – Wohnsiedlung; *la bodega* – Weinkeller; **la piscina** – Schwimmbecken; *el gimnasio* – hier: Fitnessraum; *el área de juego* – Spielplatz; **la planta** – hier: Etage; *la finca* – Anwesen; *desembolsar* (col.) – zahlen; *al contado* – bar

5.2.

1 Blesa ganaba cada año de media unos tres millones de euros y cobró una indemnización de 2,7 millones cuando fue sustituido por Rato. Blesa y los once directivos que integraban con él la cúpula de la entidad financiera se repartieron [desde 2007] 71 millones de euros en los años en los que se había desatado la crisis financiera. (1)

📖 **Notas**

de media – im Schnitt; *la indemnización* – Entschädigung; **sustituir** – ersetzen; *el directivo* – Vorstandsmitglied; *integrar* – bilden; *la cúpula* – Spitze; **repartir** – verteilen; **la crisis se desata** – die Krise bricht aus

5.3.

1 Además, Blesa tenía a su disposición una tarjeta VISA de gastos de representación, con una cobertura anual de 50.000 euros. Ese privilegio era compartido con los tres vicepresidentes de la entidad, también con una cobertura de 50.000 euros anuales, y el resto de miembros del consejo de administración, con 25.000 euros al año en su tarjeta. (1)

📖 **Notas**

además – außerdem; *tiene a su disposición* (f.) – er hat zu seiner Verfügung; *la cobertura* – Deckung; **anual** – adj. de *el año*; **compartir** – teilen; **el miembro** – Mitglied; **el consejo de administración** – Verwaltungsrat

5.4.

1 Los doce años que estuvo Blesa en *Caja Madrid* fueron más que rentables para él y todos sus colaboradores, a los que pagó generosamente. Al llegar, multiplicó por 18 el salario de su antecesor. Sólo se conocen con detalle las retribuciones de los últimos pagos. Cobró 12,44 millones entre 2007 y enero de 2010. Otros de sus principales colaboradores obtuvieron sa-5 larios que van desde los 2 hasta los 9,7 millones en este mismo periodo de tiempo. (2)

📖 **Notas**

rentable – lohnend; **el colaborador** – Mitarbeiter; **generosamente** – großzügig; **el salario** – Lohn, Gehalt; *el antecesor* – Vorgänger; *la retribución* – Vergütung, Gehalt; **principal** – aquí: más importante; **obtener** – erhalten

5.5.

1 A finales de julio de 2009 Blesa pudo descansar durante una semana navegando por Turquía con otros once acompañantes. El coste de alquiler de la nave fue de 18.000 euros. El barco tenía seis camarotes, todos con camas dobles, y también dos salones y una cocina. (1)

> 📖 **Notas**
>
> **descansar** – ausruhen; *navegar* – (mit einem Schiff) fahren; **el acompañante** – Begleiter; **el alquiler** – Miete; **la nave** – Schiff; *el camarote* – Kabine; **el salón** – Wohnraum

5.6.

1 José María Aznar involucró en 2008 a Miguel Blesa, al que había colocado años antes como presidente de *Caja Madrid*, en la adquisición de la colección del pintor y escultor Gerardo Rueda, fallecido en 1996 y amigo de Aznar. (El entonces alcalde de Madrid Alberto Ruiz Gallardón ofreció ceder un edificio para exponer la obra.) El director de la *Fundación Caja*
5 *Madrid*, Rafael Spottorno, consideró «disparatado» el precio, 54 millones, y acabó desaconsejando la operación: su coste superaba los 100 millones de euros por las obras del nuevo museo. Blesa desistió. (Spottorno había valorado la obra del artista en 3 millones y fue adquirida más tarde por otra organización por seis millones.) (3)

Correo electrónico de José María Aznar Botella, hijo de Aznar, a Blesa: «Con los pelos que
10 se ha dejado por ti, y han sido muchos, me parece impresentable lo que has hecho o no has hecho. No se merecía esta decepción.» (16.07.2009) (4)

> 📖 **Notas**
>
> **involucrar** – verwickeln; *colocar* – anstellen (Arbeitsstelle); **la adquisición** – Erwerb; **la colección** – Sammlung; *el escultor* – Bildhauer; *fallecer* – sterben; **el entonces alcalde** – der damalige Bürgermeister; **ofrecer** – anbieten; *ceder* – hier: überlassen; **el edificio** – Gebäude; **la obra** – Werk; *la fundación* – hier: Stiftung; *disparatado/a* – unsinnig, absurd; **desaconsejar** – abraten; *la operación* – hier: Geschäft; **superar** – überschreiten; *desistir* – aufgeben, verzichten; *valorar* – schätzen; **el correo electrónico** – Email; *dejarse los pelos por alguien* (col.) – viel für jemanden tun; *impresentable* (col.) – völlig unmöglich; **merecer(se)** – verdienen; **la decepción** – Enttäuschung

5.7.

1 En 2009, cuando la *Caja Madrid* y las normas internacionales de contabilidad le apretaron y la caja necesitaba capital, Miguel Blesa recurrió a la masiva emisión de participaciones preferentes, hasta llegar a colocar en las oficinas más de 3.000 millones. «Hemos ampliado la emisión porque nos las quitan de las manos», afirmó Blesa. Realizó esta operación, pese
5 a que Moody's calificó la emisión en mayo de 2009 en bono basura «ante la gran probabilidad de que la entidad no pueda pagar los intereses». Esa es la misma emisión que ahora ha causado tantos disgustos a sus clientes, que perderán el 40% de media en su inversión. (2)

📖 **Notas**

la norma – Richtlinie; *apretar* – drücken; *recurrir a* – zurückgreifen auf; *masivo/a* – massiv; *las participaciones preferentes* – Vorzugsanteile; *colocar* – hier: platzieren, unterbringen; **la oficina** – hier: Zweigstelle; *ampliar* – erweitern; *quitar de las manos* – aus den Händen reißen; **afirmar** – behaupten, bestätigen; **realizar** – ausführen; *pese a que* – obwohl; *Moody's* – Rating-Unternehmen, das die Kreditwürdigkeit von Banken und Staaten bewertet; *calificar* – bezeichnen, beurteilen; *el disgusto* – Kummer, Ärger, Unannehmlichkeit; **el cliente** – Kunde; **perder** – verlieren

5.8.

1 En 2008 *Caja Madrid* adquirió el *City National Bank of Florida* por 1.117 millones de dólares, compra que causó grandes pérdidas a la entidad. Esta política de expansión fue a medio y largo plazo la tumba de Blesa, o mejor dicho, la de *Caja Madrid*. (2)

📖 **Notas**

a largo plazo – langfristig; *la tumba* – Grab

5.9.

1 Al comprar este banco, Caja Madrid desembolsó 10,5 millones de euros a la inmobiliaria *Peña Appraisal Services* por la compra de una mansión de lujo en Miami, con el objetivo de que allí pudiesen residir el representante de *Caja Madrid* en Florida, así como consejeros que tuvieran que desplazarse a la ciudad. (5)

📖 **Notas**

la inmobiliaria – Immobilienagentur; *la mansión* – Villa; **con el objetivo/objeto de** – mit dem Ziel; *residir* – wohnen; **el representante** – Vertreter; *el consejero* – Ratsmitglied; *desplazarse* – sich begeben

5.10.

1 En 2007 salió a la luz un escándalo relacionado con uno de los consejeros del *Holding Financiero* de *Caja Madrid*, Carlos Vela. Éste había concedido un crédito de mil millones de euros a la inmobiliaria *Martinsa-Fadesa* y unos meses después de este hecho abandonó *Caja Madrid* y fichó como consejero delegado de la inmobiliaria. Tan sólo un año más tar-
5 de, el estallido de la burbuja inmobiliaria en España lleva a la bancarrota a *Martinsa-Fadesa*, por lo que dejó un agujero de más de 1.200 millones a sus acreedores, en su mayoría bancos y cajas. Carlos Vela volvió a ser contratado por *Caja Madrid*. (5)

📖 **Notas**

desembolsar (col.) – zahlen; **relacionado/a con** – in Zusammenhang stehen mit; **abandonar** – verlassen; *fichar por* – unterschreiben bei; *el consejero delegado* – leitendes Verwaltungsratsmitglied; **tan sólo** – nur; *el estallido* – Platzen; **la burbuja** – Blase; **por lo que** – weswegen; *el agujero* – Loch; *el acreedor* – Gläubiger; *contratar* – an-, einstellen

5.11.

1 Parece ser que el PP enviaba facturas por servicios prestados por empresas (de Francisco Correa) al partido a *Caja Madrid*, para que las abonase. Por eso, en El País del 19.12.2013 un artículo lleva el título «Caja Madrid, la sucursal del PP». (3 y 6)

> 📖 **Notas**
>
> **la factura** – Rechnung; *prestar un servicio* – eine Leistung erbringen; *Francisco Correa* – empresario español, supuesto (mutmaßlich) líder de la trama (Intrige, Komplott) de corrupción conocida como «caso Gürtel» y acusado de varios delitos; *abonar* – hier: bezahlen; *la sucursal* – Zweigstelle

5.12.

1 El BMW serie 7 blindado adquirido para el disfrute del presidente de *Caja Madrid* costó a la entidad más de 510.000 euros. Lo mismo que cuestan unos 20 vehículos más modestos con un alto nivel de equipamiento. Su sucesor declinó utilizarlo, encargó un vehículo más modesto y ordenó la venta del BMW, que supuso una pérdida para el banco de unos

5 200.000 euros. (8)

> 📖 **Notas**
>
> *blindado/a* – gepanzert; *el disfrute* – Nutzung, Genuss; **modesto/a** – bescheiden; *el equipamiento* – Ausstattung; *declinar* – hier: ablehnen; **encargar** – in Auftrag geben; **el vehículo** – Fahrzeug; **ordenar** – anordnen; **suponer** – hier: bedeuten; **la pérdida** – Verlust

5.13.

1 El 5 de junio de 2013 el juez Elpidio José Silva (titular del *Juzgado de Instrucción* número 9 de Madrid) decretó el ingreso en prisión de Blesa por apropiación indebida y otros delitos. Sólo estuvo en la cárcel dos semanas, porque una autoridad superior anuló la causa judicial. Más tarde el juez fue alejado del caso.

5 Debido a este desarrollo, el juez Silva se ha referido a un «acoso y persecución», pero no contra él sino contra todo el *Poder Judicial*, ya que cree que se quiere enviar un «mensaje» a los jueces: «Si quieres instruir causas contra personajes ilustres y poderosos, vete preparando y mira lo que le está pasando a Elpidio José Silva.» (7)

> 📖 **Notas**
>
> **el juez** – hier: Untersuchungsrichter; **el titular** – leitender Amtsinhaber; *el juzgado de instrucción* – etwa: Amtsgericht; *decretar* – anordnen, verfügen; *el ingreso* – hier: Einlieferung; **la prisión** – Gefängnis; *la apropiación indebida* – Unterschlagung; **el delito** – Vergehen; **la cárcel** – Gefängnis; *la autoridad superior* – vorgesetzte Behörde; **anular** – aufheben, widerrufen; *la causa judicial* – Rechtssache; **alejar** – entfernen; **el caso** – Fall (vor Gericht); **el desarrollo** – Entwicklung; **referirse a** – sich beziehen auf; *el acoso* – Bedrängung; **la persecución** – Verfolgung; **no ... sino** – nicht ... sondern; **el Poder Judicial** – Rechtsprechung, Judikative; **enviar** – schicken; **el mensaje** – Botschaft, Mitteilung; *instruir una causa* – ein Verfahren (ein)leiten; **el personaje** – Persönlichkeit; *ilustre* – bekannt; **poderoso/a** – mächtig; *vete preparando* (col.) – mach dich auf etwas gefasst

5.14.

Titulares de un artículo en un periódico:

El Tribunal Superior de Madrid abre juicio contra el juez Elpidio Silva

- El magistrado que metió en la cárcel a Miguel Blesa está acusado de prevaricación
- El fiscal pide 30 años de inhabilitación y que se le incapacite para ocupar cualquier cargo público
- El acusado presenta a su vez una querella contra el juez que ha instruido su caso (9)

📖 **Notas**

el juicio – hier: Gerichtsverfahren; *el magistrado* – Richter; *la prevaricación* – Rechtsbeugung; *el fiscal* – Staatsanwalt; *la inhabilitación* – Berufsverbot; *incapacitar* – nicht erlauben; **ocupar** – hier: einnehmen, bekleiden; **el cargo público** – öffentliches Amt; **a su vez** – seiner-, ihrerseits; *la querella* – Klage

---

(1) El Mundo, 17.12.2013

(2) http://economia.elpais.com/economia/2013/05/16/actualidad/1368739490_852243.html

(3) El País, 14.12.2013

(4) El País, 16.12.2013

(5) www.es.wikipedia.org/wiki/Caja_Madrid

(6) El País, 19.12.2013

(7) www.elboletin.com/nacional/90050/correos-blesa-no-incorporan-causa-juez-silva.html

(8) www.financial-toxic.com/REVISTA/articulos/GestionNoticias_529_FinancialToxic.asp

(9) El País, 24.01.2014

◼ Comprensión

1. Explica con tus propias palabras las siguientes expresiones:

de la mano de (texto 1) – la experiencia bancaria (1) – el rescate público (1) – pagar algo al contado (1) – ganar algo de media (por término medio) (2) – gastos de representación (3) – la cobertura anual (3) – desaconsejar una operación (6) – el bono basura (7) – la tumba de Miguel Blesa (8)

2. Resume lo que pone en este capítulo sobre la obra de Gerardo Rueda. (6)

◼ Vocabulario

Haz una lista con dos palabras de cada texto del vocabulario básico y preséntala a tu compañero, que deberá traducirlas.
Modelo: Del texto 5.1. podrías escoger «adquirir» y también podrías preguntar los significados que puede tener «la planta».

Puerta para banqueros que van a la cárcel

■ Descripción

Comenta esta viñeta. (¿Piensas que «Sin comentario» también es un comentario?)

■ Gramática

1. En las frases de la izquierda encuentras las posibilidades de expresar el término alemán «man». Analízalas gramaticalmente y traduce después las frases de la derecha.

a. En este capítulo se va a tratar otro tema importante.	a. Man spricht Deutsch.
b. Uno se podría preguntar si eso que dices es posible.	b. Xaver mag es nicht, wenn man ihn auf den Arm nimmt.
c. El banquero fue encarcelado.	c. Man möchte schon wieder die MwSt. erhöhen.
d. «Nos han engañado», dicen muchos clientes del banco.	d. Man fragt, ob du krank bist.
e. Dicen que Blesa sabía muy bien lo que hacía.	e. Mit dieser Seife kann man sich nicht waschen.
	f. Mit dieser Seife kann man nicht waschen.

2. Busca la perífrasis verbal que está en cada frase y haz otra frase con ella.

a. España está atravesando un tiempo difícil.

b. No puedo resistir a la tentación.

c. Te ofrezco ir contigo.

d. No he llegado a arreglar la lavadora.

e. Tienes que decirme lo que ha sucedido.

f. Esto ya deja de ser gracioso.

g. No quiero ni pensarlo.

h. Vete preparando porque tu padre está muy enfadado.

■ Comentario

1. Di si estás de acuerdo o no con lo que pone en la introducción y explica tu posición.

2. ¿Hay entre los doce puntos que se refieren a Blesa (1-12) algunos que presentan una manera de proceder excusable? Justifica tu opinión.

3. ¿Hay entre los doce puntos que se refieren a Blesa (1-12) algunos que presentan una manera de proceder imperdonable. Explica tu punto de vista.

■ Ejercicio de mediación

1. ¿Qué hace el Sr. Blesa hoy? Infórmate en la Red y presenta a tu curso lo que has encontrado.

2. Busca información sobre la situación actual de Elpidio Silva y preséntala a tus compañeros.

3. Infórmate sobre las diferencias entre una *Sparkasse* y una *Bank* y haz una presentación.
(Encontrarás el vocabulario que te hace falta si también te informas en textos españoles.)

■ Presentación

Introduce en un buscador «Viñetas sobre corrupción» y encontrarás muchas. Presenta algunas a tu curso y explica por qué las has escogido.

6. La señora Merkel y la crisis española

6.1. Introducción: Muchas preguntas y pocas respuestas

1   «La señora Merkel y la crisis española» o «El papel de Alemania en la crisis española», ¿qué sugieren estos títulos?

¿Tienen Alemania, o la señora canciller, una parte de culpa, o de responsabilidad en la crisis que está atravesando España actualmente? ¿Ganan dinero bancos alemanes con la

5   crisis española o se trata de una forma controvertida y partidista de ver la cuestión? ¿No sería más correcto dar otro título a este capítulo? Por ejemplo «Como se ve a Alemania en España» o «Como muchos españoles ven el papel de Alemania».

Sí y no. Muchos ecomomistas españoles dicen que la política de austeridad, defendida por Alemania y otros países de la UE, hunde a España y a otros países del sur aún más

10   en la crisis.

¿Quién manda en la UE, los bancos, unos pocos políticos o la señora Merkel? ¿Puede el ciudadano de a pie comprender lo que sucede en el mundo de las finanzas o los «juegos» de los bancos? ¿Y lo comprenden todos los políticos o sólo una minoría? Las metas de la canciller parecen claras: salvar el euro y conservar su valor, y en ello coincide con la mayoría

15   de los alemanes.

¿Es la política de austeridad el camino correcto?

En esta introducción se encuentran muchos signos de interrogación. Probablemente, al final de la lectura de este pequeño dossier las dudas quedarán. En él se trata únicamente de ver lo que hoy en día muchos españoles piensan de Alemania y de su gobierno, y como

20   estos son presentados en los medios de comunicación.

📖 **Notas**

el papel - hier: Rolle; **sugerir** - nahelegen; **la responsabilidad** - Verantwortung; **atravesar** - hier: durchmachen; *controvertido/a* - umstritten; *partidista* - parteilich, befangen; *la política de austeridad* - hier: Sparpolitik; **hundir** - hier: stürzen; **mandar** - befehlen; *el ciudadano de a pie* - Durchschnittsbürger; *accesible* - zugänglich, verständlich; *la meta* - Ziel; *coincidir con* - übereinstimmen mit; **el signo de interrogación** - Fragezeichen

6.2. El ataque alemán desahucia a España

1   Los economistas repiten hasta la saciedad que la imposición merkeliana de austeridad es un error, pero siguen sin entender que se trata de una truculenta estrategia del Gobierno y la banca alemanes para desvalijar al sur de Europa con el fin de tapar el enorme agujero financiero alemán. Este expolio es posible debido a un desorden jurídico que desde 2000 ha
5   desplazado el capitalismo productivo por un «mercado casino» sin supervisión administrativa, y que funciona mediante apuestas. Esta bolsa privada y sin transparencia, localizada en Nueva York y Londres, está en manos de un cartel compuesto por seis megabancos norteamericanos y seis europeos, todos quebrados y rescatados por sus Gobiernos, es decir, por los contribuyentes.
10   Alemania es quien promovió las apuestas contra las deudas del sur. El *Deutsche Bank* fue uno de los artífices de este nuevo mercado de deuda pública. Atacar a países del sur fue la fórmula del Gobierno y bancos alemanes para recuperar las pérdidas de sus bancos ludópatas.

Manuel Ballbé y Yaiza Cabedo, El ataque alemán desahucia a España
http://elpais.com/elpais/2012/11/27/opinion/1354017582_675331.html

---

📖 **Notas**

desahuciar – hier: entmutigen, (einen Kranken) aufgeben; **el economista** - Wirtschaftswissenschaftler; *hasta la saciedad* - bis zum Überdruss; *la imposición* - Auferlegung; **la austeridad** - hier: Sparsamkeit, Enthaltsamkeit; *truculento/a* – grausam, brutal, schrecklich; **la banca** - Bankwesen; *desvalijar* – ausplündern, -rauben; **tapar** - zudecken; *el agujero* – Loch; *el expolio* – Ausraubung, Plünderung; *desplazar* – verdrängen, ersetzen; **la supervisión** – Aufsicht, Überwachung; **mediante** - mittels; **la apuesta** - Wette; **la bolsa** - hier: Börse; **la transparencia** - Durchsichtigkeit; *localizado/a en* – sich befinden in; *el cartel* – Kartell; *quebrar* – in Konkurs gehen; *rescatar* – retten; *promover* – auslösen, herbeiführen; *el artífice* – Urheber; *recuperar* – wiedererlangen; **la pérdida** - Verlust; *ludópata* - spielsüchtig

---

■ **Comprensión y análisis**

1. **Explica los dos términos «capitalismo productivo» y «mercado casino».**
2. **¿La política de austeridad nos es presentada como una convicción de los dirigentes alemanes?**
3. **¿Cuáles te parecen ser los términos más críticos de este breve texto?**

■ **Vocabulario**

1. **Qué es lo contrario de:**
   el error — tapar un agujero — privado/a — algo sin transparencia — un megabanco — rescatar un banco
2. **Haz dos oraciones con cada una de estas locuciones:**
   con el fin de — es posible que — debido a /gracias a — estar en manos de

■ **Comentario**

1. Repite los reproches hechos en este texto al gobierno y a los bancos alemanes y comenta si te parecen posibles.
2. Opina si bancos y gobiernos han aprendido algo de la crisis.

■ **Ejercicio de mediación**

Busca en la red alemana un texto que trate este tema y preséntalo a tu curso.

6.3. Primera lección

En lugar de una viñeta

En: *http://elpais.com/2013/12/18/vinetas/1387383736_668742.html*
o en: *http://elpais.com/tag/fecha/20131219, en la página 12*

encuentras una viñeta de Forges.
Haz una transparencia de la viñeta y preséntala a tu curso.

📖 **Notas:**
(e)stupendo – großartig, toll, super
el/la sacrolumbar – Kreuzbein

Explica esta viñeta. (¿Qué ves? ¿Por qué se menciona el Instituto Goethe? ¿Qué es lo primero que deben aprender gobernantes del sur de Europa según esta viñeta? ¿Por qué se menciona el sacrolumbar? ¿En qué consiste la comicidad? ¿Crees que esta viñeta le haría gracia a miembros del gobierno alemán? Etc.)

■ **Ejercicio de mediación**

Infórmate en la red alemana sobre el *Goethe-Institut* y explica a tu curso qué es y a qué se dedica esta institución alemana.

6.4. Consenso alemán, incomunicación española

1   La crisis económica, que ha venido con el empobrecimiento general, un ejército de seis millones de parados y un desconcierto considerable sobre las bases de recuperación, no ha sido capaz de convocarnos a un esfuerzo nacional y equilibrado para superarla. Por eso nos encontramos ante un considerable debilitamiento del crédito institucional. Ni siquiera el
5   reto independentista de los políticos nacionalistas catalanes ha tenido la fuerza suficiente para obligar a los dos grandes partidos a concretar un discurso nacional.

En una nueva vuelta al pasado, se nos presentan en España dos realidades incomunicadas, incapaces de encontrar bases mínimas, no sólo para una convivencia pacífica, sino también esperanzadora. Alemania, con todos los reparos que pongamos, no basa su buena
10   fama en la productividad de trabajadores y empresarios, ni siquiera en los avances tecnológicos; es la capacidad de renuncia, de acuerdo, de sacrificio, de esfuerzo individual y colectivo, la verdadera razón de su fortaleza.

Nicolás Redondo, Consenso alemán, incomunicación española

El País, 08/11/2013

📖 **Notas**

el consenso - Übereinstimmung; **el empobrecimiento** - Verarmung; *el desconcierto* - hier: Verunsicherung; **considerable** - beachtlich; **la recuperación** - Erholung, Aufschwung; *convocar* - zusammenrufen; *el esfuerzo* - Anstrengung, Bemühung; *equilibrado/a* - ausgeglichen; **superar** - überwinden; *el debilitamiento* - Schwächung; *el reto* - Herausforderung; **concretar** - konkretisieren; **el discurso** - hier: Gespräch, Nachdenken; **incomunicado/a** - hier: nicht miteinander in Verbindung stehen, voneinander abgeschnitten; **la convivencia** - Zusammenleben; **esperanzador/ora** - hoffnungsvoll, vielversprechend; *poner reparos a algo* - kritisieren, Einwände haben; **el avance** - Fortschritt; **la capacidad** - Fähigkeit; *la renuncia* - Verzicht; **el acuerdo** - Abkommen; **el sacrificio** - Opfer; *la fortaleza* - Stärke

---

🟧   Vocabulario

Rellena los espacios libres con una de estas palabras:

la incapacidad — capaz de — la capacidad — muy capaz — eres incapaz de — sea capaz de

1.   Creo que . . . . . . llegar puntualmente a una cita.
2.   . . . . . . de tu hermano para los negocios llama la atención.
3.   Mi confianza en ti no tiene límites. Te creo . . . . . . todo.
4.   Espero que este nuevo gobierno . . . . . . solucionar algunos de nuestros problemas.
5.   . . . . . . de este ministro salta a la vista (es evidente).
6.   Nuestra nueva profesora de matemáticas es una persona . . . .

■ Comprensión y análisis

1. Explica lo que quiere decir el autor de este texto con «debilitamiento de crédito institucional».

2. ¿Y cuál es la causa de este debilitamiento?

3. Analiza la situación política y social actual española según este texto.

4. Describe cómo nos presenta el autor a Alemania.

5. Explica el título del artículo del que proviene este texto.

6. ¿Se encuentran en este texto las siguientes declaraciones?
   a. Es la primera vez que los dos grandes partidos españoles están en total desacuerdo.
   b. El movimiento independentista catalán ha separado a los dos partidos.
   c. Muchos españoles están sin esperanzas.
   d. El autor piensa que en Alemania también hay cosas que se pueden criticar.
   e. España debería tomar a Alemania como ejemplo.

■ Comentario

1. Explica a qué se podría referir la frase «en una nueva vuelta al pasado».

2. ¿Te parece justificado incluir este texto en este dossier?

■ Ejercicio de mediación

Busca en la red alemana información sobre el papel de Alemania en la crisis de España según muchos españoles y preséntala a tu curso.

7. El final de la crisis

Aproximacón al vocabulario

Traduce estas palabras y busca lo contrario:

la mejora — débil — lento/a — duro/a — lo peor — el crecimiento — destruir empleo — abandonar el país — el fracaso — el déficit — el aumento — la mayoría — elevado/a — reducir — minoritario/a — la ineficacia — el beneficio

hart — das Land verlassen — Besserung — verringern — Wachstum — Mehrheit — Unwirksamkeit — hoch/erhöht — Arbeitsplätze zerstören — Gewinn — das Scheitern — schwach — Verlust — Zunahme — langsam — Minderheits- — das Schlimmste

bajo/a — el éxito — rápido/a — la minoría — la eficacia, la eficiencia — el empeoramiento — la reducción — lo mejor — fuerte — regresar al país — crear empleo — blando/a — la pérdida, el perjuicio — la disminución, la reducción — mayoritario/a — el superávit — aumentar

7.1. El Banco de España constata una mejora de la economía a final de año

1   La economía española consiguió salir de la recesión, tras dos años en terreno negativo, en el tercer trimestre [julio a septiembre 2013]. Fue una salida débil y con ningún efecto sobre el empleo. Pero el Banco de España considera que esa lenta mejora del producto interior bruto (PIB) ha continuado en los últimos tres meses del año. «La información disponible
5   apunta, en su conjunto, a una prolongación de la trayectoria de mejora de la actividad durante el tramo final de 2013», indica la institución.

En su boletín, el Banco de España también analiza el endeudamiento de los hogares españoles. El Banco señala que se ha corregido ligeramente, pero todavía equivale al 80% del PIB, frente al 65% de la zona euro.

C. Galindo, El Banco de España constata una mejora de la economía a final de año
El País, 28.12.2013

📖 **Notas**

constatar – bestätigen, feststellen; **la recesión** – Konjunkturrückgang; *el terreno* – hier: Gebiet, Bereich; **considerar** – pensar, opinar; *PIB* – Brottoinlandsprodukt; **disponible** – verfügbar; *apuntar a* – hier: hinweisen auf; **en su conjunto** (m.) – insgesamt; *la prolongación* – Verlängerung; *la trayectoria* – hier: Weg, Kurve; *el tramo final* – Endabschnitt; *el boletín* – Bericht, Veröffentlichung; *el endeudamiento* – Verschuldung; **el hogar** – hier: Haushalt; **señalar** – hier: hinweisen; *equivaler* – entsprechen

◼ Comprensión y análisis

Resume en una o dos frases el contenido de este texto.

◼ Vocabulario

1. Rellena los espacios libres con:

    señala que — ningún efecto — has conseguido — frente a — considera que

    a. No comprendo como . . . . . . convencer a mi hermana para que salga contigo.
    b. Cuéntame lo que quieras, tus palabras no me hacen . . . .
    c. El entrenador . . . . . . el árbitro no sabe nada de fútbol.
    d. La DB . . . . . . habrá huelga de maquinistas en todo el país.
    e. Hoy sólo he comido tres trozos de pastel, ... los cinco de ayer.

    Ahora haz tú una frase con cada una de estas locuciones.

2. **Mira en http://es.thefreedictionary.com/hogar los significados de** *el hogar* **y haz una frase con cada uno.**

◼ Ejercicio de mediación

Busca en la red un artículo alemán actual sobre la situación de la economía española y preséntalo a tu curso.

7.2. Rajoy confía en salir del pozo en 2014

1 Con la necesidad de lanzar algún mensaje positivo y dejar atrás la durísima primera mitad de su legislatura, Rajoy se entregó casi a un discurso triunfalista poco habitual en él.

«Lo peor ha quedado atrás. Hace un año dije que 2013 iba a ser muy duro. Pero dije que mejoraría en la segunda mitad. Los hechos nos han dado la razón. El plan para evitar el hundimiento y el rescate se ha cumplido. 2014 será un año mucho mejor, con más activi-

5 dad y crecimiento. Tenemos un fundado derecho a la esperanza. El año que viene dejaremos atrás el miedo. Si 2012 fue el año del ajuste y 2013 el de las reformas, 2014 será el del inicio de la recuperación», sentenció.

Carlos E. Cué, Rajoy confía en salir del pozo en 2014
El País, 28.12.2013

📖 **Notas**

confiar en - vertrauen auf; *el pozo* - hier: Loch, Tief; **el mensaje** - Botschaft; **la legislatura** - Legislaturperiode; **entregarse** - sich hingeben; *triunfalista* - euphorisch, siegessicher, übertrieben optimistisch; **habitual** - üblich; **el hecho** - Tat; *el hundimiento* - Untergang; **el rescate** - Rettung; **cumplir** - erfüllen; **fundado/a** - hier: begründet; *el ajuste* - Anpassung; **el inicio** - el comienzo; *la recuperación* - hier: Aufschwung; *sentenciar* - urteilen

---

■ Vocabulario

1. Traduce:

a. Los *hechos* nos han dado razón. — b. Del dicho al *hecho* hay un gran trecho. — c. *los hechos* históricos — d. La decisión del político de retirarse es *un hecho consumado*. — e. *de hecho* y de derecho — f. El coche no ha sido caro, *de hecho* hasta ha sido una ganga. — g. Dices que has arreglado el lavavajillas, pero *el hecho es que* sigue sin funcionar.

2. Rellena los espacios libres con *atrás, detrás (de)* **o** *tras*:

dar un paso .... — volver .... — esconderse .... — años .... — ponerse uno .... otro — dejar algo .... — entrar en un edificio por .... — atacar por .... — la rueda de .... — primero yo y .... los demás — .... muchos esfuerzos — ¡Orden, por favor, uno ...... otro! — poned las manos...... — intenta no quedarte...... — vuelves a ir marcha...... — tienes una mancha ......

3. Mira las entradas «bajo - debajo (de) - abajo» y «ante - delante (de)» y haz un ejercicio como este para un compañero.

■ Comprensión y análisis

Repite los progresos económicos concretos mencionados en este texto.

■ Gramática

duro/a ☞ *más duro/a* ☞ *durísimo/a*. **Mira primero en una gramática como se forman el comparativo y el superlativo. Después añade los grados de comparación que faltan:**

lento/a — caro/a — lo peor — mejor — fundado/a — positivo/a — triunfalista

■ Comentario

Comenta este texto. ¿Te has formado una opinión al leerlo?

7.3. ¿Fin de la crisis?

1   A los banqueros y a los políticos se les llena la boca diciendo que la crisis ya ha terminado
y que la recuperación económica está a la vuelta de la esquina. Sin embargo, el ciudadano
de a pie, el que paga los impuestos, el que todos los días tiene que buscarse la vida como
sea, no tiene en absoluto esta sensación, más bien al contrario. A la dificultad de encontrar
5   un puesto de trabajo se unen otras muchas.

Los banqueros y los políticos deberían ausentarse más a menudo de sus despachos y
pisar la calle. Conocer la realidad de primera mano y no que se la cuenten sus asesores.
No basta con leer las estadísticas y hacer discursos grandilocuentes. La gente vota a los
políticos para que resuelvan sus problemas, y el principal que tienen en estos momentos
10 los ciudadanos es encontrar un puesto de trabajo. Y a este acuciante problema todavía no
le han dado solución.

Cuando seamos capaces de crear empleo podremos decir que estamos saliendo de la
crisis, pero mientras haya casi seis millones de parados afirmar lo contrario es una auténtica desvergüenza. (Patricio Simó, Valencia)

El País, 16.11.2014 (Cartas al director)

> **□ Notas**
> *se le llena la boca* - decir algo muchas veces; **la recuperación** - hier: Aufschwung; *está a la
> vuelta de la esquina* - steht unmittelbar bevor (ist gleich um die Ecke); **buscarse la vida** - durch-
> kommen, sich durchschlagen; **la sensación** - Gefühl, Eindruck; **a menudo** - häufig; **el despacho**
> - Büro; **el/la asesor/ora** - Berater(in); **el discurso** - Rede, Ansprache; *grandilocuente* - hochtö-
> nend; **principal** - el más importante; *acuciante* - dringend; **afirmar** - hier: behaupten; **la desver-**
> **güenza** - Unverschämtheit, Frechheit

■ Comprensión y análisis

1.   **Repite los reproches que les hace el autor de esta carta a los gobernantes.**

2.   **¿Qué es y qué no es, para el Sr. Simó, el criterio para poder decir que el país está/
esté saliendo de la crisis?**

Vocabulario

Traduce estas frases con ayuda de las siguientes locuciones:

más bien al contrario – resolver el problema – ser capaz de – de primera mano – buscarse la vida – el ciudadano de a pie – a la vuelta de la esquina – buscar la solución

1. Sag nicht, dass du nicht in der Lage bist, dieses Problem zu lösen! Sag einfach, dass du keine Lust hast!

2. Wir haben stundenlang nach der Lösung des Problems gesucht, und wir hatten sie vor der Nase.

3. Ich weiß, wovon ich spreche; ich weiß es aus erster Hand.

4. Auch wenn die Regierung sagt, die Lage habe sich verbessert, sieht der Durchschnittsbürger, der sich durchschlagen muss, die Lage nicht so, eher im Gegenteil.

7.4. Se acabó la crisis

1 Desde el Gobierno dicen que la crisis se acabó, que estamos en la senda de la recuperación y vamos en la buena dirección. Dicen que la economía se recupera, cuentan historias sobre la prima de riesgo y la renovada confianza de los mercados. No dicen quién ha pagado eso. Vemos la luz al final de túnel.

5 Los datos dicen que la recuperación no llega a las personas. Se sigue destruyendo empleo y el paro juvenil sigue creciendo. Se eterniza el paro de larga duración y aumentan las familias sin ingresos. La recuperación ya está aquí.

Cada vez hay más gente que está peor y unos pocos están mucho mejor. Cada vez son más los que no tienen ningún ingreso y los que dependen de otros para vivir. Cada vez son 10 más los que abandonan el país en busca de trabajo y somos menos los que trabajamos y mantenemos lo que una vez fue el Estado de bienestar. Vamos en la buena dirección.

Quieren hacernos creer que estamos mejor, que nuestros sacrificios han servido para algo. Quieren que olvidemos a los caídos en el camino, todo estará bien y vamos a vivir mejor. Y encima quieren que aplaudamos. (Francisco Pastor Guzmás, Castellón)

El País, 04.05.2014 (Cartas al director)

📖 Notas

la senda – Weg, Pfad; **renovar** – erneuern; *eternizar* – verewigen, endlos hinziehen; **la duración** – Dauer; **el ingreso** – Einkommen; **mantener** – unterhalten, erhalten; **el Estado de bienestar** – Wohlfahrtsstaat; **el sacrificio** – Opfer; *los caídos en el camino* – die auf der Strecke Gebliebenen; **aplaudir** – Beifall spenden

La prima de riesgo es un término que actualmente se puede oír y leer muchas veces en España. Un inversor le exige al deudor un recargo (intereses), que dependerá del mayor o menor riesgo que exista de que el deudor pueda satisfacer sus obligaciones. Este interés se compara con el precio de la deuda alemana, que se considera estable y segura, y se toma la diferencia entre ambas deudas, que se multiplica por 100. Así se obtiene la prima de riesgo.

la prima – hier: Zuschlag, Zulage; *el inversor* - Anleger, Investor; *el deudor* - Schuldner; *el recargo* - hier: Zinsen; **satisfacer sus obligaciones** - seinen Verpflichtungen nachkommen

■ Vocabulario

Traduce las siguientes locuciones, guarda la hoja y tradúcelas al español un(os) día(s) después:
los sacrificios han servido para algo — una familia sin ingresos — la recuperación está aquí — el paro juvenil crece — el país se recupera — depender de otros para poder vivir — la renovada confianza — ver la luz al final del túnel — la recuperación no llega a las personas — muchos están peor y pocos mejor — vamos en buena dirección — quieren que aplaudamos

■ Comprensión y análisis

En este texto encuentras tres clases de contenidos: el autor cita al Gobierno, menciona hechos y hace comentarios irónicos. Marca con tres rotuladores estos pasajes.

■ Ejercicio de mediación

También en Alemania se habla mucho del *Estado de bienestar*. Busca en la red alemana una definición y preséntala a tu curso.

■ Comentario

Cuando se habla de *vivir*, se suele pensar en más que en lo contrario de *estar muerto*. En nuestros países hoy nadie tiene que morir de hambre. Explica lo que significa *vivir*.

7.5. Austeridad letal

1 El Gobierno presume que la política de austeridad ha vencido a la crisis. Poco importa que el crecimiento sea ínfimo, el desempleo apenas descienda y se haya duplicado la deuda pública. Pero en esto el Gobierno no está solo, tambien la UE, la OCDE y el propio FMI insisten en hacer del caso español un ejemplo del éxito que habría obtenido la austeridad
5 como terapia anticrisis. Y de ser cierto, esto pondría fin al largo debate entre keynesianos y neoliberales acerca de cómo combatir las depresiones económicas, si con estímulos estatales para favorecer la demanda de consumo o con restricciones del gasto público para favorecer la oferta empresarial, habiéndose impuesto finalmente la tesis de austeridad. ¿Cuánto hay de verdad en ello? ¿Estamos ante una demostración incontrovertible o se
10 trata de pura propaganda política? (Cuatro libros recientes coinciden en demostrar el mito de la austeridad como terapia eficaz.)

Enrique Gil Calvo, Austeridad letal
El País, 10.07.2014 (Suplemento Babelia)

📖 **Notas**

la austeridad - hier: Haushaltseinsparungen, Enthaltsamkeit; *letal* - tödlich; *presumir* - angeben, sich brüsten; **vencer** - besiegen; *ínfimo/a* - mínimo/a; **duplicar** - verdoppeln; **la deuda pública** - öffentliche Verschuldung; *la OCDE* - Organización de Cooperación y Desarrollo Económico; *el FMI* - Fondo Monetario Internacional; **el propio** (+ sustant.) - hier: sogar, selbst; **insistir en** - bestehen auf; *acerca de* - bezüglich; **combatir** - bekämpfen; *el estímulo* - Anreiz; **favorecer** - begünstigen; *la restricción* - Be-, Einschränkung; **el gasto público** - die öffentlichen Ausgaben; **la demostración** - Beweis; *incontrovertible* - unumstößlich, unbestreitbar; **reciente** - neu, vor kurzem geschehen; **coincidir** - übereinstimmen; **eficaz** - wirksam

■ **Comprensión y análisis**

En este breve texto se caracterizan los colegios neoliberal y keynesiano para combatir una crisis económica. Haz una lista con las características mencionadas por el autor. Añade otras que se te ocurran.

■ **Vocabulario**

Traduce:
tres libros *recientes* — me he sentado en un banco *recién* pintado — un *recién* nacido — los *recién* casados — en el pasado *reciente* ha estado tres veces en Méjico — comenzó a llover *recién* salí de casa (LA)

¿En qué casos se trata de un adjetivo o de un adverbio?

■ Gramática

1. Traduce:

el éxito que habría obtenido la política de austeridad

de ser cierto, esto pondría fin a un largo debate

habiéndose impuesto finalmente la tesis de austeridad

2. ¿Qué preposición falta?

acerca . . . . . . como combatir

combatir . . . . . . estímulos estatales . . . . . . favorecer la demanda

¿cuánta verdad hay . . . . . . esta tesis?

. . . . . . esta opinión el gobierno no está solo

insiste . . . . . . seguir . . . . . . su política

. . . . . . esta cuestión, nunca sabremos . . . . . . la verdad

■ Debate

El contenido de este texto es un asunto verdaderamente controvertido. El curso se informa en casa en la red sobre «keynesianos» y «neoliberales», después discute en clase. Un alumno resume los argumentos en español.

7.6. Tres flashes

Aceptemos que las píldoras del Gobierno en el programa de estabilidad dan resultado. Ello significaría que al final de 2015, en materia de empleo, España estaría igual que en 2011. Cuatro larguísimos años perdidos. La constatación del mayor fracaso en la política económica. Este debe ser el centro de cualquier debate sobre la recuperación, no el déficit y la deuda pública, o la sanidad del sistema financiero. El éxito o el fracaso de una política económica se mide por el aumento o la reducción del bienestar de la mayoría.

Joaquín Estefanía, Fracaso del empleo
El País, 04.05.2014

📖 **Notas**

aceptemos que – angenommen, dass … / nehmen wir einmal an, dass…; *la píldora* – Pille; **la estabilidad** – Stabilität; **en materia de empleo** – was den Arbeitsmarkt betrifft; *la constatación* – Feststellung, Bestätigung; **la sanidad** – Gesundheit

Desde hace mucho tiempo es conocido, y aceptado, que altos niveles de desigualdad suponen elevados costes sociales, que entorpecen la movilidad social, crean conflictos sociales, aumentan la tasa de criminalidad y reducen las perspectivas de un mejor mercado laboral al impedir que la economía pueda aprovechar todo el potencial de los grupos más vulnerables. Grupos, por cierto, que no son minoritarios, [las víctimas no son los que] están cerca o en la exclusión social, sino que [la situación] está afectando de lleno a la clase media trabajadora.

Jesús Caldera, ¿Afecta la desigualdad al crecimiento económico?
El País, 11.01.2014

📖 **Notas**

elevado/a – hoch; *entorpecer* – lähmen, behindern; **la tasa** – Rate; **reducir** – verringern; **impedir** – be-, verhindern; **aprovechar** – ausnutzen; **el potencial** – Möglichkeiten; *vulnerable* – verletzlich, verwundbar; **la exclusión** – Ausschluss; **afectar** – hier: betreffen

Lo peor de la austeridad no es su ineficacia -genera más costes que beneficios- sino sus perversos efectos sociales.

Enrique Gil Calvo, Austeridad letal
El País, 10.07.2014 (Suplemento Babelia)

📖 **Notas**

la ineficacia/ineficiencia – Unwirksamkeit; *generar* – erzeugen; **el beneficio** – Nutzen, Vorteil; **sino** – sondern

◼ Comprensión y análisis

1. ¿Qué fenómeno enfoca cada uno de los tres flashes?

2. Explica con tus propias palabras los siguientes términos:
    las píldoras del gobierno, grupos vulnerables, la exclusión social, el mercado laboral,
    la movilidad social.

3. ¿En qué mide el Gobierno la situación económica y en qué debería medirse según
    el señor Estefanía? Comenta las dos posiciones.

◼ Vocabulario

Haz una oración con cada una de las siguientes locuciones:
dar resultado — la constatación de — un debate sobre algo — medir por — esto supone ... —
impedir (que) — afectar de lleno — en materia de ...

Themenverwandte Empfehlungen

Debatiendo sobre la España de hoy

Gloria Nieves Iglesias

Handbuch, 120 Seiten, 3-89657-905-3, 19,80€

Das Handbuch richtet sich an fortgeschrittene Spanischschüler (Niveau B1/B2), die sich auf didaktische Weise der politischen und sozialen Realität Spaniens anhand der Beziehungen des Landes zur Europäischen Union annähern möchten. Es eignet sich sowohl für Konversationskurse als auch als unterstützendes Handbuch im allgemeinen Spanischunterricht zur Verbesserung der Mündlichkeit und des Hörverstehens. Die verschiedenen Themen können dabei unabhängig voneinander ausgewählt werden. Da es sich um ein mittleres Niveau handelt, werden keine elementaren grammatischen Strukturen erklärt. Die enthaltenen Bilder/Graphiken zur Vorbereitung bzw. Anregung der Diskussionen bieten wir im Downloadbereich in Farbe und in DIN A4-Größe (für Folien etc.) kostenlos nach Registrierung an.

¿Quo vadis, Catalunya?

Jens Meyer

Schülerheft, 56 Seiten, 3-89657-916-9, 7,80€

Lehrerhandreichung, 44 Seiten, 3-89657-917-7, 14,80€

Der erste Band unserer neuen Reihe «El mundo hispánico de cerca» behandelt die aktuelle Situation Kataloniens und bereitet diese für den Unterricht auf. Das Schülerheft enthält Textauszüge sowie Bilder und Karikaturen mit Aufgaben zur vielfältigen mündlichen und schriftlichen Textproduktion, zur Lexik und zur Grammatik. In den Lehrerhandreichungen dazu werden den Lehrenden Hilfestellungen, Erwartungshorizonte und weitere Materialien angeboten.

Zur Reihe «El mundo hispánico de cerca»:

Die neue Reihe bietet mit ihren Schüler- und Lehrerheften auf DIN A4-Format kurzgefasste Unterrichtseinheiten zu abiturrelevanten Themen an und bereitet somit konzentriert auf ein spezielles Prüfungsthema vor. Dabei ist die Art der Aufgaben so gewählt, dass damit sowohl die schriftliche als auch die mündliche Prüfungssituation einstudiert werden kann.

España y Europa.
Spaniens Selbstverständnis zwischen den Kulturen im Spiegel der Geschichte

Hans Christian Lindau

206 Seiten, 3-89657-720-4, 13.80€

Kompakter Überblick über Spaniens historisches Verhältnis zu Europa. Dabei ist das 20. Jahrhundert ausführlich und differenziert dargestellt und auch aktuelle politische Entwicklungen fließen mit ein.

Die Themen der fünf Kapitel:

1. La frustración de un Imperio: España y Europa entre 1492 y 1898; 2. Entre europeísmo y casticismo: España y Europa en el pensamiento de la Generación del 98; 3. Regeneracionismo, europeización, hispanidad: España y Europa en la época de entreguerras; 4. Guerra civil y dictadura franquista; 5. Transición. Democracia, Unión Europea:

Die Texte sind didaktisiert, der Lösungsschlüssel ist enthalten.

www.schmetterling-verlag.de